地方の論理

小磯修二
Shuji Koiso

岩波新書
1855

はじめに

わたしは地方の活性化に向けた活動を長く続けてきた。最初は国の行政現場で、北海道総合開発計画や国土総合開発計画などの計画業務を中心に、地方の開発、発展に向けた政策にかかわってきた。約二〇年前に地方の大学に転じてからは、北海道を拠点に、地方の課題解決に向けた実践的な政策研究に取り組んでいる。またその間、海外においても、経済協力の現場で地方開発の支援を行ってきた。

これらの活動を続けるなかで、地方の持っている多様な発想と力を活かしていくことこそが、これからの日本社会の成長、発展にとって欠かせないのではないかという思いが次第に強くなってきた。しかし現実には、政治、行政、教育、民間活動すべての分野で東京一極集中が進み、また大都市で醸成される、画一的で効率性を重視した「中央の発想」が支配的になり、それによって国全体が硬直的な思考に陥りつつあるのではないかという危機感が募ってきている。

その思いを一層強くしたのが新型コロナウイルスの出現である。コロナは世界中の人々を震撼させた。あらゆる国が、自由な人の出入りを禁止して、物資や資源を囲い込み、世界の繁栄を支えていたグローバルネットワークは麻痺してしまった。一九三〇年代の大恐慌以降最大の経済的惨事といわれるコロナ危機だが、大切なことはその教訓を次世代に伝え、新たな社会に転換する機会にしていくことだろう。コロナ危機が過去の経済危機と異なるのは、「三密（密閉、密集、密接）」という言葉が示すように、人の密度の大きさがリスクを拡大させたことだ。首都圏での満員の通勤列車が復活することに怖さを感じた人は多いのではないだろうか。過密を排した分散の仕組みを社会に取り入れることが求められており、この機会に地方分散型の国土づくりに向けた思い切った議論を進めていくことが必要だろう。また、一連の非常事態への対応では、地方が一歩先行して取り組む動きが出てきた。非常時の危機管理は中央主導が原則だが、日本では国のタテ割り、組織防御による硬直的な姿勢が目についた。地方自治体の方が多様な状況に柔軟に対応しており、政策対応の力が高まってきているという印象を受けた。この機会に地方のことは地方の権限で推し進めることができる分権の仕組みに向けた議論をすることも大切であろう。

わが国は元来さまざまな地域で成り立っており、それらの地域が相互に結びついて安定的な発展を遂げてきた。地域の多様な伝統・慣習や文化が積み重ねられて魅力のある国をつくりあげてきたのが、いつのまにか経済効率を追い求めるなかで、すべてが中央に集積する中央の論理が蔓延しているように感じられる。あらためて、地方の持つ多様で柔軟な力を見つめ直して、その力を活かした健全な国づくりを進めていくことがこの国にとって必要ではないか。本書は、このような思いから、地方の力を発揮していくための理念、戦略などについて、自身の活動を振り返りながら「地方の論理」として幅広く考察を試みたものである。

本書では抽象的な理論分析よりも、できる限りわたし自身が実際に関与した調査研究や活動の様子を具体的に紹介しながら、そこで得られた気づきやヒント、可能性を提示していくよう心がけた。

全体の構成として、第1章では、新型コロナウイルスの教訓も踏まえ、分散型、分権型の国づくりに向けた問題提起と考察を行った。そこでは、国土の東京一極集中構造が進む実態や要因分析とともに、大震災の教訓や、欧州の経験から分散型、分権型の国づくりの必要性を提起している。

第2章以下では、「辺境からの発想」、「共生の思想」、「連帯のダイナミズム」の三つの視点から、わたしが実際に関わった具体的な事例を取り上げて、地方の力を活かしていくための方策について、考察を進めていった。

第2章の「辺境からの発想」では、地方のなかでも、とりわけ辺境に位置する地域に着目した。中央と物理的な距離のハンディが大きい辺境では、その克服に向けて変革の大きなエネルギーが生まれることがある。また、中央とは異なる視座から社会の動きを見つめることができるとともに、国境に接する空間でもあることから、異文化と融合する力を持っている。一方で、そのエネルギーを押さえ込もうとする中央の論理に翻弄されてきた厳しい歴史経験もある。そのような問題意識から、北方領土問題、沖縄、中央アジア諸国の三つの事例を取り上げた。

第3章の「共生の思想」では、コモンズの概念に着目している。地域の活性化に向けては、地域の限られた土地や資源を有効に活かし、その潜在力を発揮していくことが重要であるが、現実にはそれらを阻もうとする、排他性の強い、独占的な利用を優先する仕組みが強く残っている。それらの仕組みを打ち破っていくためには、「共生の思想」によって社会システムを形成し、地方の力を顕在化させていくことが必要である。そこではコモンズの概念が有効ではないかという提起をしたい。また、その手がかりやヒントとなるものが地方の伝統的な営みに多く隠されていることを国内外の事例から紹介している。さらに、これからの日本にとって避けられないテーマとなってきた外国人との共生についても北海道ニセコ地域での経験を紹介した。

第4章では、「連帯のダイナミズム」をテーマに、つながりの強い地域社会をつくりあげていくための事例を紹介している。連帯の力は経済的な発展の力になるだけでなく、社会的な問題の解決にも欠かせないテーマである。「ひきこもり」などの社会的孤立が問題になっているが、その背景には市場競争を重視することで生まれた社会のひずみがある。そのひずみを是正していく解決の力が、地方には潜んでいることを事例から読み取ってほしい。つながりによる信頼関係が生まれたことが、地域の課題を解決する大きな力になったことをこれまで多く経験している。ここでは、釧路市における生活保護自立に向けた事例と、地方の出版社の連帯の取り組みを取り上げる。また、北海道胆振《いぶり》東部地震で起きたブラックアウト（大規模な停電）の検証を踏まえ、連帯の力を活かした分散システムの必要性についても述べたい。

「五〇年後の日本の未来は、現在と比べて明るいと思うか、それとも暗いと思うか」という世論調査が、二〇一四年に内閣府により実施されたことがある。日本の未来は「明るいと思う」とする回答の割合が三三・二％に対し、「暗いと思う」とする割合が六〇・〇％であった。倍近い割合の日本人が「未来は暗い」と感じていることにわたしは強い衝撃を受けた。いつのまにか、この国には明るい将来を描くことができない閉塞感が重く漂ってきている。

これからの時代はどうなるのか。急速な人口減少、超高齢化が進むなかで、我々はどのような社会生活を送ればいいのか。日本という国は世界のなかでどのような役割を果たせるのか。このような不安を抱く人々に対して、次世代につなぐ解を誰も示せずにいることが、一層閉塞感を重苦しくしているようだ。さらにコロナ危機が、その閉塞感を倍加させるようなことがあってはならない。

アメリカのオバマ前大統領は、コロナ危機のためオンラインで開催された卒業式に参加した大学生に対し「これまでのやり方はこうだったと説教する人はもういない。これからの世界は君たちがつくる」と呼びかけた。先が見えない状況を閉塞として受けとめるのではなく、進化のチャンスとして捉えようというメッセージである。わたしはコロナ危機を、地方の多様な発想と力を活かして健全な国づくりを目指していく契機にしていくべきだと考えている。地方の持つ多様性を尊重しながら社会の成長、発展を考えていく思考には、時代を洞察する力と変革していく力が秘められているからだ。

高みを目指して成長していく時代には、効率性を重視し、中央主導で画一的に一丸となって進んでいく中央の論理は有効であった。だが、成熟国家となってより生産性の高い国づくりを目指していくためには、多様な価値観を認め合いながら相互に尊重し合う社会をつくりあげていくことが必要だ。

北海道は、北半球の視野で見ると、アジアのなかで一番欧州や北米に近い位置にある。その優位性を活かせば北極海経由の航路や航空ネットワーク、通信網の拠点になり得る。また、沖縄は半径四時間以内の航空圏にアジアのほとんどの主要都市を含み、成長著しい東アジアの圏内にある。座標軸の中心を地方に置くことで、独自の創造的な発想が生まれてくる可能性があり、その多様な発想の芽を摘み取ってはいけない。

我々は東京を座標軸の中心において思考することに慣れきっているが、中央の発想にとらわれることなく、地方独自の物差しで洞察することで新たな発想や活動が生まれてくる。

歴史的にも、創造的で大胆な発想は中央から離れた地方で生まれている。中央から距離のある辺境といわれる地域に身を置くと見えてくるものがある。明治維新を成就させたのは、薩摩、長州、土佐などの辺境の地から生まれてきた革新的なエネルギーであった。江戸にいては感じられない世界の動きを敏感に感じ取り、その危機感を新たな国づくりに結びつけたのである。中央にはない感性を地方では醸成させることができるし、それが地方の魅力でもあり、力でもある。

本書はただ「地方が頑張れ」というメッセージではない。日本という国が閉塞感を打破し、人口減少、少子・高齢化の苦難を乗り越えて成長していくための鍵が、地方における多様な模索と経験、そこから醸成されてきた独創的な思考と実践のなかにあることを伝えていくものだ。地方の力を活かしていくことは、決して中央を否定するものではない。中央から発想される提案に、地方からもう一つの柔軟で新鮮な発想とヒントを提起することで、より質の高い政策を構築していくことができる。地方に住む人々だけでなく、大都会で生活し、経済活動を営む人々にも、本書を契機に地方への関心を高め、この混沌の時代を乗り越え、未来を洞察し、切り拓く力を磨いていってほしいと願っている。

目 次

第 1 章
健全な国のかたちを目指して
コロナの教訓，一極集中のリスク

釧路公立大学　釧路市単独での設立は無理とする国の方針に対抗して，10 市町村が全国初の一部事務組合方式でつくり上げた 4 年生大学．その後，地方都市が設置する公立大学のモデルとなった．

一　コロナ危機の教訓から——壮大な社会実験

二〇二〇年に発生したコロナ危機に向き合った世界中の対応、対策は、壮大な社会実験であったともいえる。そこから得るべき教訓は多く、次世代社会への進化に向けた変革の転機にしていくことが我々の責務であろう。ここでは、地方の視点から、二点の新たな動きに着目して、変革の必要性を提起していきたい。

一つはウイルスという見えない敵と戦うためには、一箇所に集中して過密状態をつくることがリスクを伴うという共通認識が生まれ、過密を避ける動きとルールが定着してきたことである。「社会的距離」を保ち、密集を避けるさまざまな知恵と工夫が社会に急速に広がってきた。満員電車による通勤を避けるために、在宅で仕事をするテレワークが一挙に普及した。最初は戸惑いもあったが、わたしの友人の多くは、「何とかやれる」という手ごたえを感じたという。さらに都心のオフィスのあり方も見直されてきており、都市集中の構造に変革の動きが出てきている。

これまでヒトやモノが集中することは効率的であり、経済の効率性を高めるために有効なメカニズムであるという考え方が支配的であった。しかし、そのような経済メカニズムを重視すると大都市と地方の格差が拡大し、国土の構造がいびつになってくることを忘れてはいけない。「過密」や「集中」のリスクを考えた健全なバランスのとれた国のあり方が大切である。我々は、すでに一九六〇年代の戦後の高度成長期に、「過密」と「過疎」の問題に向き合った経験がある。太平洋ベルト地帯への工業集積による「過密」を排し、「過疎」の地方への工業や人口の分散を図るために政府は国土政策に力を入れた。国づくりという観点からのバランス感覚が働いた政策であったと思う。今後三〇年で発生確率七〇％といわれる首都直下型地震のような大規模災害を想定すれば、健全な国のかたちを目指す国土政策の役割は、一層重要であろう。わたしは、この機会にこそ、東京首都圏に過度に集中した機能を地方に分散させて、将来に向けて健全な国づくりを目指す議論をしっかり進めていく必要があると考えている。

もう一つは、今回のコロナ危機の対応では、地方自治体による独自の施策対応や発信が活発に進められたことだ。非常時の危機管理は、国が速やかに決断して行うべき、最も中央主導型であるべき政策だ。しかし現実には、残念ながら国の対応にはタテ割り構造の弊害や既存のルールにこだわる守旧の姿勢が見られた。一方で、前例にこだわらない、多くの都道府県知事の迅速で柔軟な対応が目についた。北海道は先行して独自の緊急事態宣言で外出の自粛要請に踏み切り、感染抑制に一定の効果を挙げた。東京都は休業した業者に対する協力金制度を提案し、軽症者のホテルでの療養は、大阪府がいち早く取り組んだ。岩手県は早々に県内外の移動自粛要請を出して、長く感染ゼロを続けた。パフォーマンスという見方も一部にはあるが、わたしは、地方自治体がこれまで積み重ねてきた行政経験の成果であり、危機管理においても地方の多様性を活かすことが有効であることを示す動きとして受けとめている。本来中央政府が果たすべき非常時の役割を地方自治体が担ったことの意義は大きい。地方の役割を尊重し、思い切って権限を移譲し、地方分権を進めていく議論が必要であろう。

このような問題意識から、本章では、地方の多様な力を発揮していくための国のあり方について、分散型、分権型の国づくりに向けた視点から考察を進めていく。一つは大都市と地方の格差についての分析である。一極集中を生み出す要因について経済構造と若者を受け入れる大学立地の観点から分析する。二点目は巨大災害に備えたリスク分散の観点から、特に東日本大震災の教訓を受けとめた国づくりについて考察する。最後は、分散型、分権型の国づくりに向けて参考となる欧州の事例を見る。日本と同じ中央集権の国であったフランスとイタリアが、戦後時間をかけながら地方分権を進め、各地の多様な伝統と魅力を活かした産業政策を進めてきた経験から考えていきたい。

二　ゆがむ国土——集中による格差拡大と若者の偏在

わたしは、これまで行政と研究の現場で活動してきた。行政の仕事では、北海道開発や国土開発分野での計画の策定や計画推進に向けたプロジェクトの企画や調整業務など、地方の開発振興に関わる分野に長く携わってきた。そこで常に心がけてきた問題意識が空間の格差であった。地理的な空間としての地域、特に大都市部とそこから遠く離れた地方とでは、経済的に大きなハンディがある。大都市はヒトやモノ、カネが集積し、その集積が魅力となってさらに発展拡大していくが、豊かで健全な国づくりのためには、各地域がバランスよく発展していくことが大切である。ハンディのある地方に対して国による一定の政策支援は必要であり、一方で地方はその支援を有効に活かしながら責任をもって安定した地域づくりを目指していかなければいけない。相互の責任と信頼に支えられた政策が力強い国土をつくりあげていく。その政策を考える根底に空間の格差の認識があると考えている。

ドイツにおける国土政策は空間整備政策（Raumordnungspolitik）と呼ばれるが、そこでは全国土のどこに住んでも「同等の生活条件を確立する」ことが目標となっている。これは憲法で保障された権利でもある。もちろん「同等」の意味はまったく同じ条件ということではなく、時代や経済環境によって条件の内容は異なるが、憲法で規定されている意味は大きい。日本の憲法では、空間の平等については直接触れていない。わが国では、是正すべき格差が存在すると政府が判断したときに、必要な政策が打ち出される。政府の裁量に委ねられており、ハンディのある地方から格差の是正を求めることが難しい。それだけに空間の格差の実態についての科学的な分析が必要であり、実証的なデータに基づいた議論が必要であろう。

二〇一三年一一月に東北大学で日独の研究者が集まってシンポジウムが開催された。東日本大震災の復興に向けて地域政策を議論するシンポジウムで、わたしも報告者、パネラーとして参加した。そのパネルディスカッションの場でドイツの研究者に、同等の生活条件の確保という憲法上の規範が現在、地域政策の現場でどのように実践されているのか、質問したことがある。時代の推移によって「同等の」の意義は変化してきており、特に二一世紀に入ってからは、政策の一体性との調整も求められるようになってきている。しかし、地域の間で生活条件に格差がないかはいつも緊張感を持って見つめているという答えが返ってきた。常に空間格差の実態と変化に関心を持つことは、国を越えて地域政策に関心を持つ者の責務であるとあらためて感じた。

人口減少問題に真剣に向き合っていくためには、大都市と地方の格差、不均衡の実態を直視していく必要がある。わが国の出生率の低さの要因に、出生率の極めて低い東京圏へ若い女性が流入することで生じている人口減少の負のスパイラルがあるが、それは若者の住む条件に大きな不均衡が生み出されているからだ。ここではカネとヒトの動きの実態からあらためて空間の格差の実態を見ていくとともに、若者が大都市に偏在する要因となっている大学立地のあり方について考えていく。

わが国の求心的構造

わが国で本格的な地域開発政策が始まった契機は、戦後の急速な経済成長に伴う、地方部から大都市への大幅な人口移動と、大都市と地方の所得格差の拡大であった。当時この問題に正面から分析を試みたのは、一九六一年に池田勇人内閣総理大臣の諮問機関として設置された地域経済問題調査会である。日本の高度な経済成長が、「地域的に経済力の不均等集積を強めている」という認識のもと構造部会を置いて、経済的な格差の現状や格差を生み出す地域経済構造のメカニズム分析を当時の経済学研究者を集めて進めた。そこでの中心的な作業は、所得格差の現状、賃金格差と労働力移動の現状などや、大都市と地方の不均衡についての科学的な解明であった。

　当時の議論は、主に地域間の所得格差であった。一九六三年に出された地域経済問題調査会の答申における所得間格差の検討作業では、当時の一人当たり県民所得について、例えば東京都の一人当たり所得が、最も低い鹿児島県の約三倍あったことが挙げられ、格差の存在を確認する証左となっている。さらに地方が生産性の低い産業部門を受け持つことで高生産性地域との格差が拡大していく構造に着目し、局地的な対応ではなく国民経済的な問題として処理されなければならないとした。

　現在では、最も一人当たり所得が低いのは沖縄県で、最大の東京都のほぼ半分である(二〇一九年二月、内閣府県民経済計算)。三倍から二倍へと所得格差は縮小しているが、果たして地域間の不均衡はすべて是正されたといえるのだろうか。「国土の均衡ある発展を目指す時代は終わった」という認識が広まっているが、地域間の不均衡については、より多面的に検証しながら論じていく必要があるだろう。地域経済問題調査会の答申では、地域間の不均等集積の要因は日本経済の求心的構造にあるとしている。「日本列島の中央部にかたちづくられた外部経済の形成が産業や人口を誘引している」という指摘だが、この集積構造は半世紀以上を経て是正されてきたのだろうか。あらためて現在の日本の地域経済構造を検証しておく必要があるだろ

図1　東京圏への転入超過数の推移

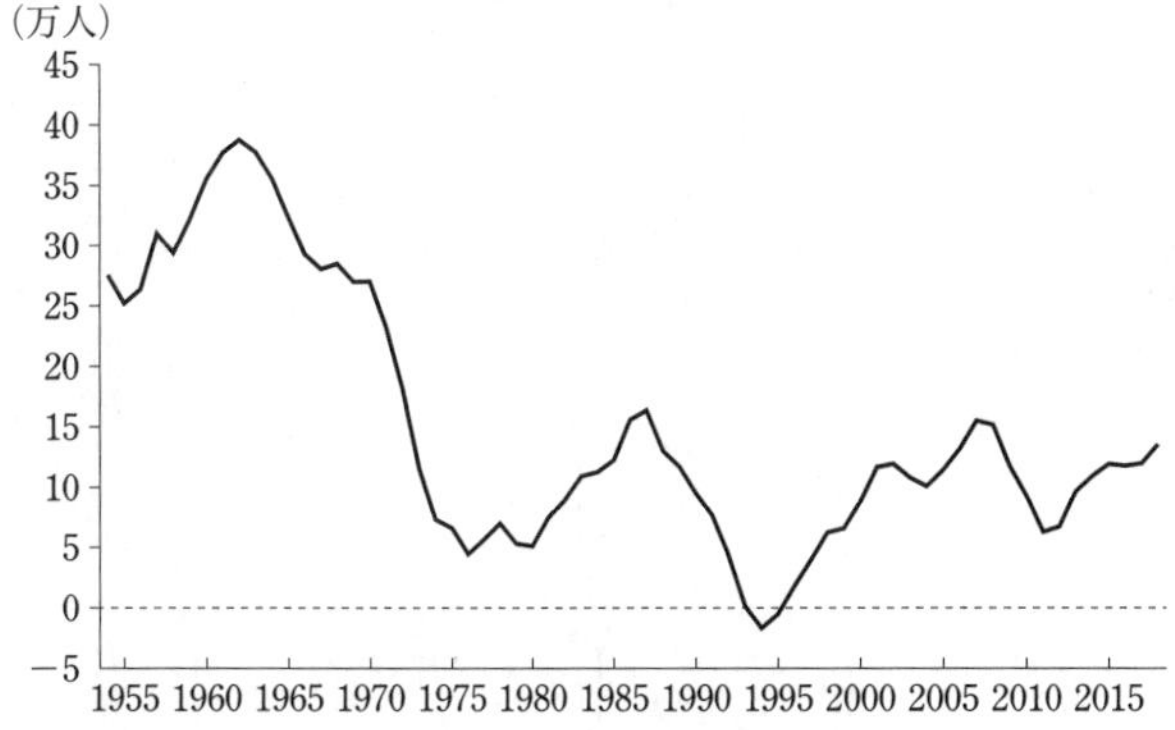

総務省統計局「住民基本台帳人口移動報告」より算出
※東京圏：東京都，神奈川県，埼玉県，千葉県

う。ここからは、ヒトとカネの動きから探っていく。

ヒトの動き

まずヒトの動きについて、戦後の東京圏（一都三県）と地方圏の社会移動から見ていきたい（図1）。東京圏と地方圏の転入、転出の状況を見ると、戦後で唯一東京圏からの転出が転入を上回ったのは、バブル崩壊後の一九九四年だけであり、それ以外は一貫して転入が超過している。最も転入超過数が多かったのは、一九六二年の三九万人である。その後人口流入は一九八〇年頃には落ち着く。国土総合開発計画等による国土政策が一定の成果を見せたという声もあったが、その後のバブル経済の時期には再び東京圏への流入が高まった。しかし、バブル崩壊により、戦後初めての転出超過を一九九四年に経験し、その後再び増加を続ける。リーマンショックや東日本大震災で一時期転入の速度は鈍るが、その後増加に転じ、現在は二〇一九年時点で一四万九〇〇〇人の転入増加となっており、拡大を続けている。地方創生にもかかわらず、東京圏へヒトが集積する動きは高まってきている。

次に、三大都市圏(東京圏、名古屋圏、大阪圏)、東京圏、地方圏の人口比の推移を見ていくと、戦後最も東京圏への転入人口が多かった一九六五年の国勢調査では、三大都市圏四三・二%(内東京圏二〇・〇%)に対し地方圏は五三・七%であったが、最新の二〇一五年の国勢調査では、三大都市圏五一・八%(内東京圏二八・四%)に対し地方圏は四八・二%となっている。一九六〇年代当初に地域経済問題調査会が出した答申では、「日本経済が東京、大阪、名古屋などの大都市地域への一層の集積を強めたことが、地域格差問題という経済的、社会的問題を発生させた」という認識を示しているが、その当時に比べて、三大都市圏ではさらに八・五%、東京圏では八・四%も人口比を高めている。格差問題を生み出した集積構造は改善されていないどころか一層強まってきているのである。また、東京への一極集中という構造も鮮明になってきている。当時の地域経済問題調査会の答申では、この問題の解決に当たっては、「これら求心的な累積傾向という基本的動因の認識とその理解のうえに立って施策を行わなければならない」としているが、ヒトの移動からは一層求心の動きが加速してきていることが読みとれる。あらためて、大都市と地方の関係、特に東京一極集中構造の要因とメカニズムについての分析が必要になってきている。

一極集中を生み出す経済構造

大都市と地方の格差、不均衡問題を考えていくためには、大都市と地方の経済的なつながりについてできる限り客観的に分析し、相互の関係を科学的に確認しておくことが重要である。市場経済メカニズムの下では、ヒト、カネは大都市圏に集中し、そこから大都市の優位な位置と地方のハンディが生まれてくる。大都市の集積構造について、特にマネーフローの分析によって経済的なつながりを客観的に分析していくことが必要であろう。大都市と地方については、それぞれが感覚的、理念的に非難しあうだけでは生産的な議論には結びつかない。より冷静で質の高い政策につなげていく科学的な分析が大切だ。

ここでは、わが国の地域間産業連関表を使って、ブロック地域を単位に、大都市圏と地方圏との移入、移出のやりとりを分析して、相互の関係をながめていく。具体的には、経済産業省の地域間産業連関表（二〇〇五年表）から作成された建設部門地域間産業連関表（国土交通省）によって見ていく。

図2　大都市圏にマネーが集中する地域経済構造

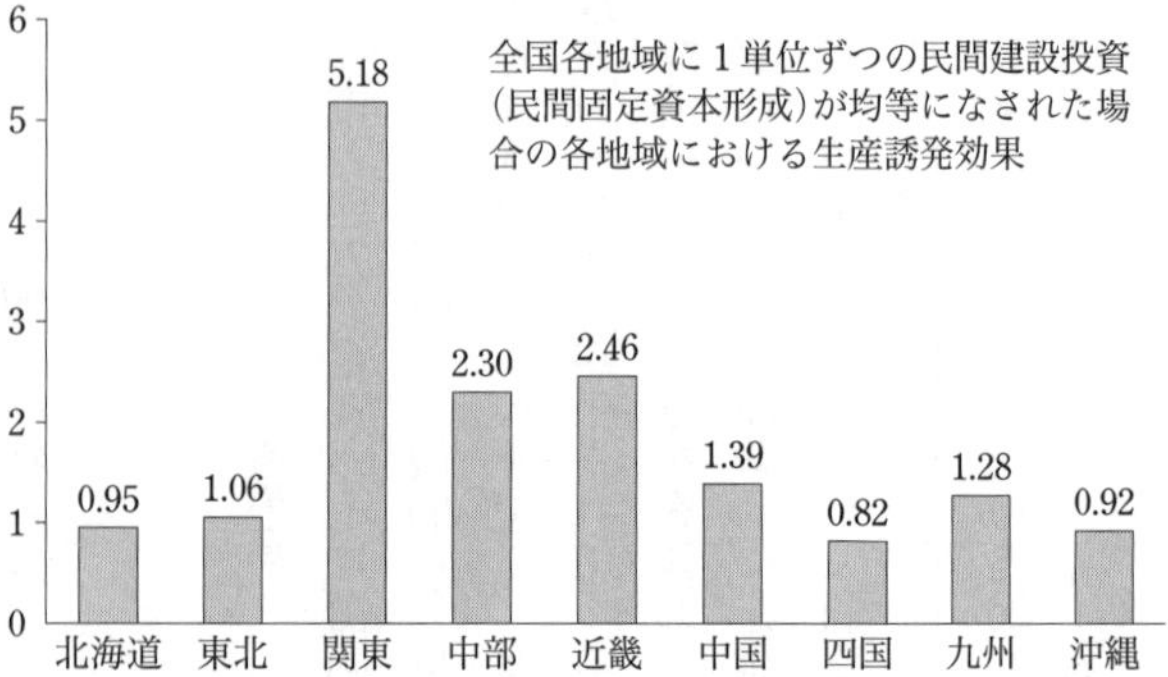

平成17年（2005年）建設部門地域間産業連関表（国土交通省）より作成

図2は、民間企業による建設投資（民間固定資本形成）について、各ブロック圏域に一単位が投資された場合に、各地域において生まれる生産誘発効果の大きさをグラフに示したものである。日本の各ブロック圏に同じ一単位ずつ民間建設投資を行った場合、どれだけの経済波及効果（生産誘発効果）が生じるか、その具体的な生産誘発額について算出したものだ。例えば、各地域でそれぞれ一兆円の民間建設投資が行われると、それは建設業への経済効果にとどまらず、資材等の購入による関連産業への需要の誘発や人件費としての支払いによる消費の誘発効果など、さまざまな産業に波及して誘発効果を生み出し、その一部は、地域を超えて他地域における需要を誘発することになる。そのような生産誘発効果をトータルで地域ごとに集計すると、例えば北海道においては、九五〇〇億円の生産誘発効果が生まれるという試算結果となる。

生産誘発効果が投資した額を下回るということは、誘発効果の多くが他地域に漏れていることを示している。

同様に、四国や沖縄でも一兆円を下回っているが、大都市圏を見ると、近畿圏では、二兆四六〇〇億円、関東圏では、五兆一八〇〇億円となっている。東京を中心とする関東圏では、一兆円の投資に対して、五倍以上の生産誘発効果が生まれている。他地域で投資された生産誘発効果の多くが関東圏に流入しているのだ。このように関東圏では自地域への投資よりもはるかに大きな波及効果がもたらされている。これは地方圏で投資されたお金の一部が、例えば東京の企業から建設機械や材料を購入したり、さらに東京の企業が工事を請負うことなどにより、関東圏に流入してくることによる。ちなみに、各圏域における建設投資による経済波及効果の割合はほとんど同じで、投資額に対して約一・八倍の生産誘発をもたらす。しかし、現実には、北海道では〇・九五倍の生産誘発効果にとどまり、関東圏では五・一八倍の効果をもたらすという、地域間の経済構造の面での大きな格差を生み出している。

もちろん地域経済は開放的であるから、市場メカニズムの下で企業本社や金融機関が集積する大都市圏にお金が流入していくことは避けられない。しかし、この不均等な構造が国のかたちをゆがめているかどうかを検証することは政策責任者の大事な使命である。また、半世紀前

図３　民間建設投資の総生産誘発係数の地域別・年別比較

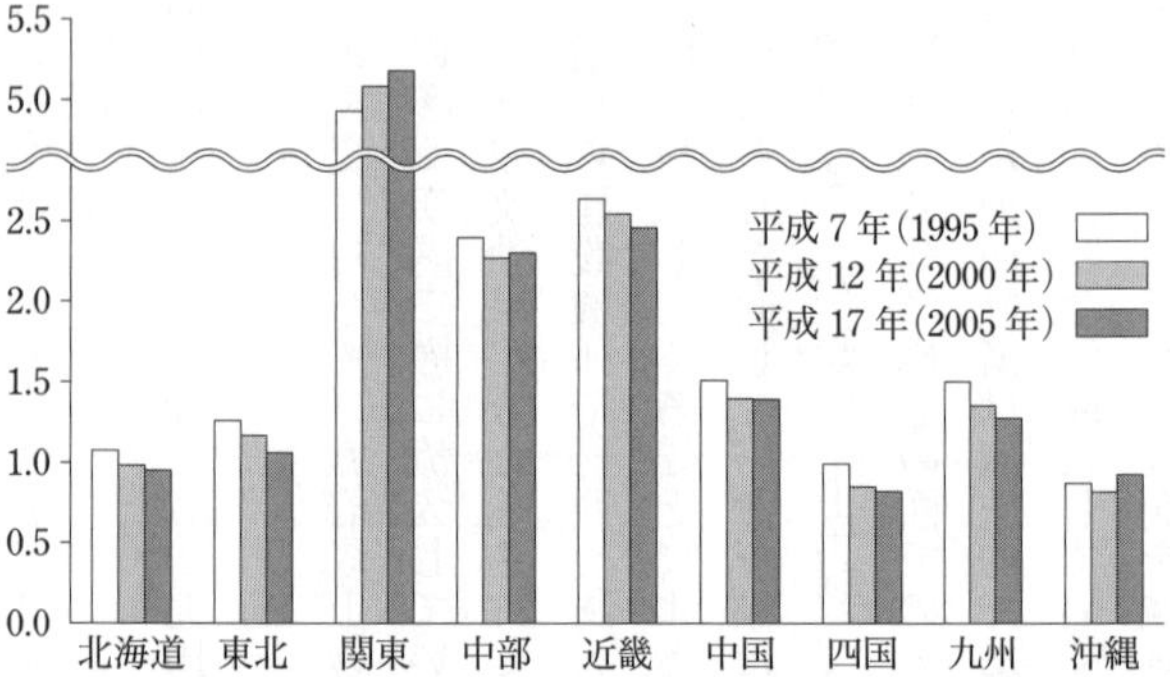

全国各地域に１単位ずつの民間建設投資(民間固定資本形成)が均等になされた場合の各地域における生産誘発効果の変化
建設部門地域間産業連関表(平成７年，平成12年，平成17年，国土交通省)より作成

には政府が英知を集めて検討を進め、求心傾向を確認し、不均等の是正に向けた国土政策を進めていったという歴史的な経過も忘れてはいけないだろう。大切なことは、わが国がこのような経済構造にあることを正しく理解し、認識したうえで日本の経済政策や財政政策、地域政策が進められることである。

進む集積と地域間格差の拡大

建設部門地域間産業連関表によって、一九九五年から一〇年間の動きをながめると、地方から大都市圏にマネーが漏出していく度合いが、次第に高くなってきていることが読み取れる。図3は、一九九五年、二〇〇〇年、二〇〇五年の建設部門地域間産業連関表によって分析した各地域の総生産誘発係数の推移を見たグラフである。これによると、関東圏の総生産誘発係数は、一九九五年は四・九三、二〇〇〇年は五・〇八、二〇〇五年は五・一八と次第に増えてきているが、他の圏域は中部と沖縄以外は総生産誘発係数が下がってきている。例えば、北海道については、一九九五年は一・〇八あった総生産誘発係数が、二〇〇〇年に〇・九八、二〇〇五年に〇・九五と下がってきている。北海道に同じ額の投資をしても、次第に外の地域へ漏出する度合いが大きくなっている。それは他の地方圏でもほぼ同じ動きとなっており、地方圏から漏出したマネーが東京を中心とする関東圏へ流入している度合い、求心構造が高まってきている。民間の建設投資資金の流れで見る限り、大都市圏と地方圏の不均衡格差が拡大してきている状況が分かる。

九〇年代以降は、構造改革政策が進み、市場メカニズムを重視する政策が展開された時期である。市場にゆだねることが結果として大都市と地方間の経済格差を生み出す図式が読み取れる。ところで、ここでは残念ながら二〇〇五年までの分析しかできなかったが、それは経済産業省が二〇〇五年表を最後に地域間産業連関表の作成を取りやめたことによる。わが国の地域経済構造を分析する重要な分析ツールだけに何とか復活してほしいと願っている。

東京の「本社」産業

このようにカネが大都市圏に流入していく構造は、東京都の産業構造からも確認することができる。東京都の産業連関表には「本社部門」という「産業」がある。全国では地域産業連関表が作成されているが、はじめて東京都で産業連関表が作成されたのは一九八五年表からと随分後になってからだ。北海道で最初に産業連関表が作成されたのは一九五五年表であるから、三〇年遅れての作成である。それには理由があり、東京都に集中する資本規模の大きい民間企業の本社の機能によるお金の流れが非常に多く、それらの産業活動外の資金の動きをどのように産業連関分析で位置づけるのかという難しい課題があったからだ。結局、財・サービス部門とは別に、これら本社機能のサービスの供給が地域相互に与える経済的影響を計測するため、別途「本社部門」を設定して産業連関表を完成させることになった。二〇一一年の東京都産業連関表における産業別生産額を見ると、「本社部門」の生産額が二七兆四五二六億円となっており、産業連関ベースでの東京都の生産額の一六・八%を占め、サービス産業に次ぐ東京都の第二位の「基幹産業」となっている(図4)。

東京都においては、生産機能を持たない本社の活動が都市の経済活動を支えている実態が浮かび上がってくる。日本の各地域から多くの資金が実態的な生産活動を伴わない組織管理の間

図4　東京都　産業部門別都内生産額(2011年)

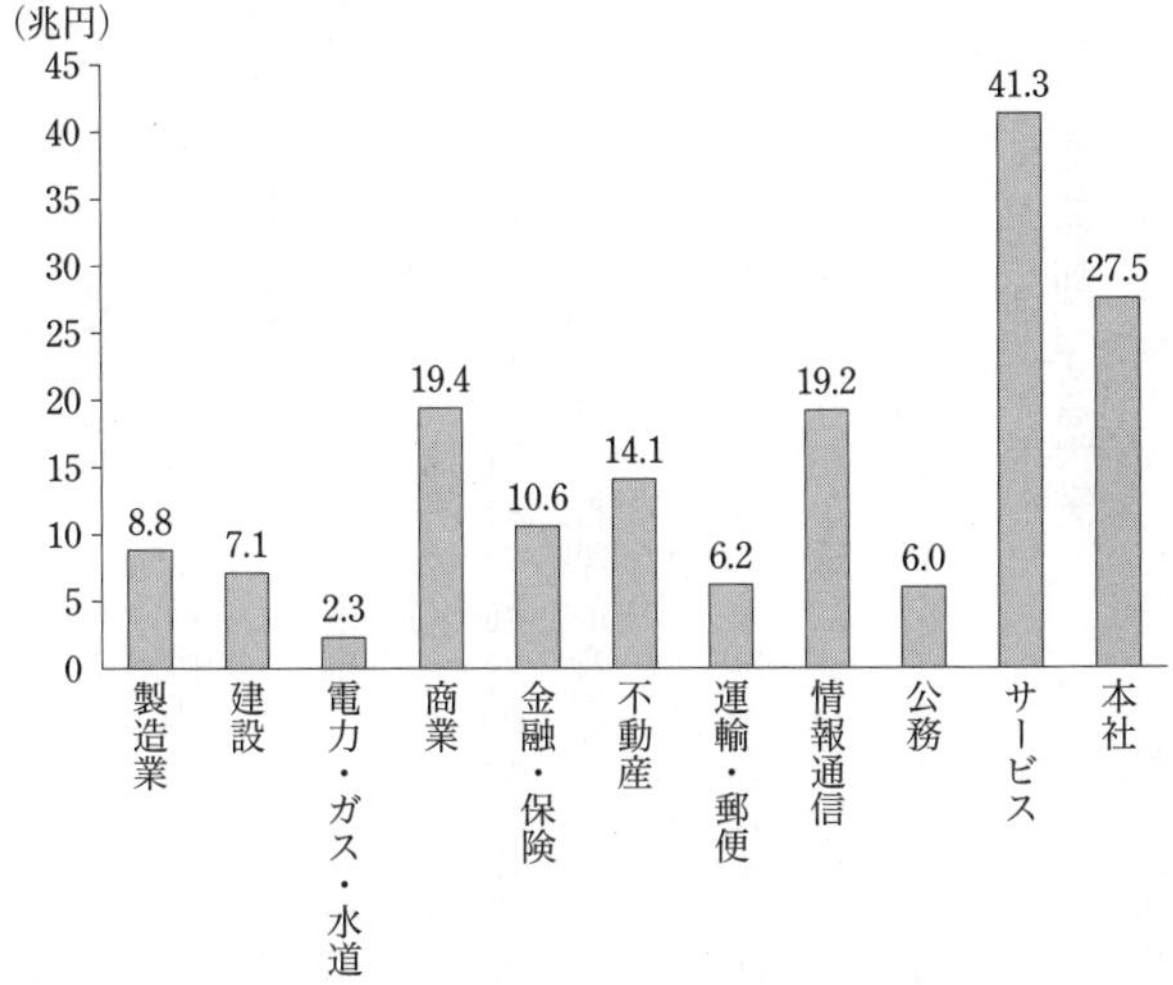

「平成23年(2011年)東京都産業連関表」東京都，2016年10月

接的な収益として東京に吸い寄せられ、東京の「本社」産業となり、本社から多くの税金が東京にある税務機関に納められ、それがまた政府の財政資金となっていくマネーフローの姿が見えてくる。さらに、本社機能に伴って多くの雇用が創出され、それが東京圏の人口比を高めているという構図が見えてくる。

このような空間の格差拡大の動きを放置するのか、それとも政策的に対応していくのかは政治の判断であるが、少なくとも、わが国の戦後の高度成長期においては国土政策においてそうした課題と真剣に向き合ってきた経験があったことを忘れてはいけない。また、世界に目を転じると、国内の地域格差から派生する社会問題に手を焼いている国は非常に多い。それに対するエネルギーと緊張は大変な損失でもある。格差を是正し、地方の力を活かしながら質の高い地域政策を展開して、バランスの取れた国づくりを目指していくことは今後の世界競争に伍していくためにも大事な戦略ではないだろうか。

国土の求心構造の核となる東京への本社集積について、コロナ危機は大きな問題を提起した。二〇二〇年四月からの約一カ月にわたる緊急事態宣言により、首都圏では在宅勤務やテレワークが一気に普及した。賃料の高い都心にオフィスを構える必要はなくなったと感じた企業が増えた。また、在宅勤務を標準的な働き方として採用する企業も出てきた。ぎゅうぎゅうづめの満員電車に毎日乗らなくても仕事ができたという体験は、働く場所の選択に大きな影響を与えた。コロナ危機への対応は、東京の都心に本社を置かなくても、本社機能を維持していく仕組みが可能であるかどうかを確認するための壮大な社会実験でもあったといえる。コロナ危機を契機に、本社機能の分散に向けた政策議論を展開してほしい。

若者の偏在を加速する大学

次に、ヒトの移動要因として、若者の大学進学時に着目したい。地方にとって人口減少の大きな要因の一つは、大都市への若者の人口流入である。特に、「一八の春」といわれる大学進学時に多くの若者が地方から首都圏に流れ込む状況がある。大学生の分布をみると、二〇一六年では、わが国全体の人口比では一〇％の東京都に、日本の大学生の二六％が集中しているという極端な一極集中構造だ（ちなみに神奈川県、埼玉県、千葉県を合わせた東京圏で見ると四〇・八％が集中している）。これは、大学進学時に地方から若者が東京に強引に吸い寄せられる構造であり、欧米先進国では見られない、いびつな図式でもある。しかも、二〇〇一年における東京都の学生数の割合は二四・四％であり、一五年間で一・六％上昇してきており（東京圏では〇・八％上昇）、着実に東京への求心構造は高まっていることが分かる。この理由は、いつのまにか高等教育を市場原理にゆだね、大学運営の多くを私学に依存し、効率性を優先させてしまった結果といえるだろう。

高等教育機能は首都機能に付随するものでは決してなく、逆にゆとりのある地方圏が担うべき役割である。戦前、わが国には、ナンバースクールと呼ばれた旧制高等学校が全国にバランスよく配置されていた高等教育政策の伝統があったことを思い起こすと、ゆとりのある環境に身を置いて勉学に勤しむという高等教育機関の立地の思想がいつのまにか希薄になっているように感じる。地域社会の健全な発展と大学の役割の両面からも高等教育機能の地方分散を真剣に考えていく必要がある。

東京に大学が集積している理由の一つに、日本では私学の割合が高く、また私学に対する助成の措置が欧米などに比べれば脆弱であることから、効率的な経営の観点から大都市部に集積してしまうことが挙げられる。二〇一六年における東京都の大学生数の割合は、国立大学が一二・五%、公立大学が六・四%に対して私立大学は三一・三%と極めて高い割合となっている。やや乱暴かも知れないが高等教育政策を市場メカニズムに委ねてしまった結果が、若者の東京圏への一極集中構造を形成してしまったともいえる。

大学立地政策の変化

もともと、わが国では一九六〇年代から国土政策において工業、大学の大都市圏への立地は制限されていた。「首都圏の既成市街地における工業等の制限に関する法律」(一九五九年三月一七日法律第一七号)および「近畿圏の既成都市区域における工場等の制限に関する法律」(一九六四年七月三日法律第一四四号)により、大都市の既成市街地への産業と人口の過度の流入を防止して、都市環境の整備と改善を図るために工場と大学等の新増設は原則認めないという政策が四〇年近く続けられてきた。これらの法律は工場と大学を一緒に立地制限するというスキームであったが、その後の製造業からサービス業へのシフトや製造業における海外生産比率の高まり等の産業構造の変化を背景に、工場立地制限についてはその役割を終えたとして二〇〇二年に廃止された。大学の立地制限もこの時に廃止されたのである。

大学の立地制限についてはどのような議論がなされたのであろうか。当時の国土審議会首都圏整備分科会の報告を見ると、地方圏における同一道県内進学率の上昇、また地方圏における同一圏内進学率の上昇を根拠に、「地方における地元大学への進学傾向の高まりが顕著であり、地方圏における大学の充実や、少子化という実態を踏まえると、工業等制限法の廃止によりこの傾向が大きく変化することは考えにくい」として廃止が相当と結論づけているが、説得力には欠ける。産業構造の変化による立地政策に、大学立地政策も引きずられたとしか思えない。残念ながら大都市と地方にどのようにバランス良く高等教育機関を配置していけばいいのかという、国のかたちを考える議論はなかったようだ。

なお、二〇一八年に地方創生の観点から東京への大学集中を制限する立法措置が採られている。「地域における大学の振興及び若者の雇用機会の創出による若者の修学及び就業の促進に関する法律」が制定され、地方の大学振興や若者の修学・就業を促進させることを目的に、地方自治体への新たな交付金や、地方に就業する若者の奨学金返還支援制度を創設し、東京二三区にある大学の学部、学科の新増設は抑制することとされた。大学問題に着目した姿勢は評価できるが、歴史的な政策の推移を踏まえれば、不十分な内容といわざるを得ない。

これからは地方創生を先導していく主体として地方大学を位置づけ、積極的に強化していく視点が必要であろう。高等教育政策の理念として地域社会と共生していく視点は大切だ。二〇〇六年一二月に教育基本法が改正され、新たに大学の役割として「社会の発展に寄与する」ことが明記され、大学の知的資産を地域社会に活用していくことが求められてきており、地域社会と大学を結びつけていくことが重要になってきている。

公立大学の役割

その観点からは、公立大学の役割を積極的に位置づけていく必要があるだろう。公立大学は、大学全体で見ればまだ学校数で一二%、学生数では大学全体の五・三%に過ぎない(二〇一八年度)が、地方自治体の責任で設置し、運営していくことができる、地方主導で高等教育政策に関与していける貴重なスキームである。

私立大学では半分以上の学生が東京圏に暮らしているが、公立大学では、九割近い学生が東京圏以外で暮らしている。公立大学の役割を高めていくことは、大都市と地方の不均衡の是正に、また出生率低下の大きな要因となっている若者の大都市圏移動を緩和することにも大きくつながる。

それでは、地方自治体が新たな公立大学を自前でつくることは可能だろうか。わたしは北海道東部の地方都市、釧路市にある釧路公立大学で学長という立場で大学運営に関わっていた経験がある。釧路公立大学は、一九八八年に設立された大学だが、日本で地方都市が自前でつくり上げた最初の四年制公立大学である。当時、釧路市のような人口二〇万人規模の地方都市では大学設立は財政的に困難だとする国の強硬な姿勢があったが、何とか地域の大学がほしいという強い意志で設立したものだ。釧路市単独では無理とする国の指導に対して、釧路地域の一〇市町村(当時)による一部事務組合による設立、運営という方式を逆提案してでき上がった大学である。ちなみに、その手法は、その後宮崎公立大学、青森公立大学、公立はこだて未来大学に発展し、わが国で地方都市が自前で大学を設立する先行モデルとなった。

地方が大学設立を求めながら、国の政策が大変慎重であった背景には、先述した市場原理依存の政策基調がある。大学がその地域に必要かどうかという判断よりも、大学が円滑に経営、運営できるかという事業発想の視点が重視されたのであろう。しかし現実には、これらの地方大学は財政的には国が危惧した支障もなく運営を続けてきている。釧路公立大学の場合は、当初の建設資金を地元釧路市が負担した以外は、開学以来安定的に黒字経営を続けてきている。ちなみに、公立大学の運営資金には文部科学省からの助成システムはなく、一般の自治体と同様に地方交付税によって運営されている。

地方都市において大学が受け入れる若者の存在は非常に大きい。現在約一七万の人口の釧路市において、常に一三〇〇人前後の一八歳から二二歳の若者が四年間安定的に定住する。そこから生まれる活力は、まちづくりにとっても重要なエネルギーとなり、特に人口減少・高齢時代においては貴重である。単に、地元の若者の進学先が地元にあるという以上の効果がある。大学が果たす高等教育機能にとっても、ゆとりのある地方の勉学環境は貴重なもので、学びの空間としては大都市に負けない優位性がある。

わたしが学長時代に全国の学長が集まる会議に参加して不思議に感じたことがある。それは、なぜこれだけ多くの大学が東京圏にあるのかという素朴な疑問とともに、多くの関係者がそれを当たり前としていることの不思議さであった。地方自治体の政策として、特に地方都市においては公立大学の設置、運営を真剣に考えていくことは大切である。大学の機能は決して首都機能に付随するものではなく、地方の豊かな自然と空間こそ質の高い高等教育を育んでいくことができる。

公立大学の役割と存在を高めていくことは、高等教育における地方分権の流れでもある。地方のゆとりのある教育環境から多様な人材をより多く育てていくことは、地方の活性化につながる地方自治体の大切な役割であろう。

三　分散型、分権型の国づくり――地方の力を活かす

新しい令和の時代の幕開けは、落ち着いた祝賀ムードに包まれたものであった。生前退位という上皇(明仁天皇)のご決断によって、静かに平成の三〇年の歴史を振り返る余裕を持って、新しい時代を迎えることができた。それだけに我々は平成の時代の経験、教訓をしっかり振り返り次の令和の時代につなげて、新たな国づくりの有り様を考えていく責務があると受けとめていた。平成の時代には、多くの大規模な自然災害があった。平成の時代の映像には、被災者にしっかり寄り添う前天皇の姿が何度も取り上げられた。この経験を次世代にどのように残していけばいいのか。特に二〇一一年の東日本大震災は、あらためて国づくりのあり方を国民に問うものであった。しかし、令和の平和な時間は長く続かなかった。世界中が見えないコロナウイルスとの闘いに翻弄され、経済活動は大きなダメージを受け、回復には長い時間がかかっ

ている。

あらためて非常時のリスクに備えた国土づくりをどのように進めていくのかが問われているように思う。特にわが国では、大地震が起こりうるという前提で政策対応していく必要がある。東日本大震災の規模の災害が首都圏を襲ったら、国民経済、社会生活への甚大な被害、影響は避けられないだろう。自然災害が頻発する国土で、多くの機能が首都に集中する国のかたちをどのように未来の世代につなげていけばいいのかが真剣に問われている。

ここでは、よりリスクの少ない分散型の国づくりのあり方とともに、地方が主体的に意思決定できる分権型社会のあり方についても考えていきたい。これは、令和の時代に残された大きなテーマでもあるとともに、地方の持つ多様な力を発揮させていくために欠かせない課題である。

市場メカニズムの下で効率的にサービスを提供し、享受するために人々は都市に集う。これは自然の流れだが、一方で集積地に災害が起きると被害が甚大となり、経済的損失も極めて大きくなる。地震被害の大きさは、被災地の人口、経済の集積規模と地震の大きさの掛け算で決まるといわれている。諸機能を国土にバランスよく配置していくための長期的な視野での国土づくりは国の重要な政策であるが、平成の時代においては国土のあり方について本格的な政策議論が提起されることはなかった。しかし、首都直下型地震の可能性の大きさを考えると、首都圏への一極集中が加速する国土構造のあり方は大きな問題だ。東京でオリンピック、パラリンピックの開催を控える状況のなかで、首都機能の脆弱性を指摘する議論は、声を潜めざるを得ない雰囲気があるが、「未来への継承」を基本コンセプトに掲げる東京オリンピックの精神からも、次世代につなぐ安全な国づくりの議論は欠かせないだろう。

東日本大震災から九年以上が経過したが、首都機能の分散という観点からは、その教訓はほとんど活かされていない。国からは大規模災害のリスクを考慮した抜本的な国土のあり方についての議論は伝わってこない。しかし、民間のレベルでは、BCP（事業継続計画）によって地方分散を進める動きが着実に出てきている。また、地方においては、北海道でバックアップ機能を強化する視点からの独自の分散政策が提起されている。さらに欧州では分権型の国づくりがしっかり進められている。それらの動きを追いながら、あらためて分散型、分権型国土を形成していく意義について考えていきたい。

首都直下型地震の危機

政府の地震調査研究推進本部によると、今後三〇年以内におけるマグニチュード七、八クラスの地震発生確率は、首都直下が七〇%、東海沖が八八%、東南海・南海沖が六〇―七〇%と、それぞれ非常に高い数値が示されている(算定基準日二〇一二年一月一日)。これらの大都市圏地域(関東、中部、近畿地方)には、国内GDPの七〇%を超える生産機能があり、とりわけ首都東京には、国会や政府機関、大企業の本社・本店など行政、経済の中枢機能や大学等の高等教育機関が集中している。世界中のあらゆるリスクを引き受けているミュンヘン再保険会社が、巨大災害のリスク分析を行い、「世界大都市の自然災害リスク指数」を公表しているが、それによれば、東京・横浜は世界主要五〇都市のなかで、最もリスクの高い都市となっている。

わが国は、リスクが格段に高い大都市地域に国の中枢機能が集積しているという脆弱な構造にある。こうした地域における大規模な地震災害の発生は、甚大な人的・物的被害を引き起こすだけでなく、社会・経済活動が機能不全に陥り、国家の存続をも左右する重大な危機につながることが懸念される。こうした事態に備え、首都圏に極度に集中する行政・経済などの諸機能の地方への思い切った分散化を進めていくことが不可欠である。

首都直下型地震に向けた対策については、二〇一三年に「首都直下地震対策特別措置法」が制定されており、それに基づいて「首都直下地震緊急対策推進基本計画」が、二〇一五年三月に閣議決定されている。そこでは首都の中枢機能を守るための緊急対策が主で、抜本的な国土政策の変更につながる動きは出ていない。さらに二〇一二年から、中央防災会議で非常時における政府中枢機能の地方移転などの検討が進められたが、オリンピックの東京への誘致の動きなどもあり、関心は高まらなかった。

首都機能を維持していくことは国の政策の要だ。首都を襲った大地震として、歴史的には一七五五年一一月に発生したリスボン大地震が知られている。ポルトガルの首都・リスボンを襲ったこの大地震では、最初の激震で市内の八五％が倒壊し、二万人が死亡、その後押し寄せた津波でリスボンは壊滅し、大航海時代をリードしていた大国の首都機能が奪われ、それ以降ポルトガルは凋落の一途をたどっていくことになる。首都機能の喪失は国家を衰退させるのだ。

一八世紀に活躍したフランスの哲学者で作家のヴォルテールは、リスボン大地震を題材に風刺小説『カンディード』を遺している。最善説を信じる主人公のカンディードが、リスボン大地震を経験し、すべてが善だと言い張る血迷った熱病が国に蔓延しているのではないか、それはまやかしの社会ではないかという疑問を抱くようになるという内容であるが、今の日本社会にも同じような空気が流れているように感じる。目先の効率性を重視する政策がはびこり、それが首都に過度な機能集中を招いている。それが個別には善良な判断の結果であっても、いつの間にか国の脆弱性を見過ごし、衰退を招くことになってしまうのではないか。

『フィナンシャル・タイムズ』からの取材

二〇一一年三月一一日の東日本大震災の時に、イギリスの経済紙『フィナンシャル・タイムズ』から取材を受けたことは忘れられない。東日本大震災に関連して取材依頼があったのは三月下旬だ。東日本大震災の特集を組むので、国土政策や地域政策の分野の専門家として意見を聞きたいという依頼であった。その質問のなかで今でも印象に残っているのが、日本の国づくりではどうして海岸線に近いところに道路や鉄道を敷設しているのかという問いかけであった。地震や津波の多い日本であれば、国土計画において災害時におけるリスク分散の視点から、内陸部に交通網を描くことをなぜしなかったのかという率直な質問であった。

これは、わたしにとっては大変厳しい質問であった。若い頃に教わった戦前の国土計画や国土政策では、単に効率性を追うのではなく、軍事的、防災的な意味合いも含めて、強い国づくりという視点から万が一のために海岸線だけでなく、内陸部も含めた交通計画の配置が大切だという考え方があった。

その思想は日本の国づくりの伝統でもある。例えば、わが国の骨格となる交通ネットワークのデザインは徳川時代にまでさかのぼる。徳川家康は、江戸幕府の支配力を強化するため、江戸・日本橋を起点とする五街道を整備して、特に江戸と京都を結ぶ東海道の整備に力を入れ、その街道整備と宿場町の都市発展が今日までの日本の経済発展を支えていくことになる。しかし、そこでは東海道ルートの単線だけでなく、江戸から山側を通って草津に入る中仙道も同時に整備している。国土の強いネットワークをつくる思想が伝統としてしっかりあったのだ。

記者の質問は、社会資本投資の必要性を短期的な費用便益で議論しているわが国の現状への鋭い指摘でもあった。わたしは、非常時への思考、対応が次第に欠けてきていることを痛感するとともに、あらためて集中と分散のバランスに配意した長期的な視野での国土のデザインが必要であると感じた。

リスク分散の計画が進まないのは、集中させることが効率的であるという発想があるからだ。しかし、大規模災害のような非常時を経験すると、分散することで被害を低減する長期的な視点と効率性のバランスを考えざるを得ない。国づくりにおいても、平時と非常時を想定した、集中と分散のバランス感覚が大切であり、そのような視点で国のあり方を探る議論が必要であろう。

しかしながら、集中と分散のバランスを検討していくためには、平時と非常時の対応のあり方、システムを合わせて想定しておかなければならない。そこには、集中と分散、平時と非常時の対応という二つの次元の解を求めていく難しさがある。平時のシステムと非常時のシステムをどのように融合していくのか、そこに分散というコストをどのように組み入れていくか。難題を解く鍵は、民間企業のＢＣＰの動きにあるようだ。

アクサ生命の本社機能移転

ここで紹介するのは、分散をコストではなく投資として受けとめている事例だ。二〇一三年一一月に、外資系生命保険会社のアクサ生命が、本社機能の一部を札幌に移転することを表明した。東日本大震災の経験を受けて、東京の地震リスクを客観的に評価した上で安定的な事業継続を進めていくためには本社機能の一部を東京から札幌に移転するという判断を下したのだ。有事の際に、顧客へのサポートができない状況が生じれば、会社の存在価値がなくなってしまうという決断がその背景にあった。

当時アクサ生命の執行役、危機管理・事業継続部門長で移転後は札幌本社長を務めた小笠原隆裕氏は、「東日本大震災を経験して、一時的にも東京本社が機能しなくなれば大変なことになると危機感を持った。オペレーションの継続性が担保されたバックアップオフィスの必要性を痛感し、すぐに本社機能を分ける検討を始めた。本社機能を分けることには追加の費用もかかり議論もあったが、事業継続性を担保するために必要な投資だと考え、最終的な意思決定については、本国のフランスもサポートしてくれた」と話してくれた。リスク分散立地の経験がある外資企業であることが決断の早さにつながった面もあるといえる。

わたしがアクサ生命のＢＣＰの考え方で興味を持ったのは、ホットサイトとコールドサイトの発想だ。コールドサイトは非常時だけに使用する場所だが、ホットサイトは、平時にも使われる。アクサ生命は、できる限りホットサイトを採用していったのである。遠隔地にコールドサイトを置く移送コストのデメリットを考え、ホットサイトを二カ所置くという発想をしたのだ。コールドサイトであれば、東京が機能しなくなったときに、東京本社から二〇〇人くらいの従業員をコールドサイトに送らなければならず、移送コストがかさむが、ホットサイトであれば、そこに従業員がいるのでコストのリスクは低くなる。ホットサイトを採用すれば、遠さはデメリットではなくなるのだ。大事なことは、二カ所のホットサイトがそれぞれ効率的に機能することだ。

現在札幌本社はどのように機能しているのだろうか。二〇一四年一一月に移転してから五年が経過した二〇二〇年八月の時点で、当初四二〇名でスタートした業務が、現在は五三〇名を超える規模で稼働しており、想定した以上に分散態勢が確立されている。「ＢＣＰをしっかり進めることが、顧客に対して会社への信頼を高める結果となった」とアクサ生命のＢＣＰ担当の大野雅人氏は言う。分散に向けた投資が着実にその効果を発揮してきている。

クライアントからの要請による工場新設

次に分散立地することで市場での競争力を高め、ユーザーからの信頼を高めている事例を見ていきたい。民間企業の製造業部門のリスク分散の動きである。専門医療機器メーカーのユニシスが二〇一五年一月に北海道北広島市に新工場を建設した。これは、首都圏が被災した場合に備え、代替拠点を設けるべきとの海外のクライアントからの強い要請によるものであった。ユニシスは、「UNIEVER」のブランド名で医療用麻酔針などを製造している。生産はすべて国内だが、取引先は世界約五〇カ国で、約九割を海外へ輸出している。特にペンシルポイントと呼ばれる、脊髄くも膜下麻酔用の麻酔針は世界中の医者から高い評価を得ており、当時世界シェアは三〇％であった。生産拠点は埼玉県に一カ所であったが、東日本大震災を契機に新工場建設に踏み切った。新工場立地の条件は、品質を維持するために国内であることと、もう一つは埼玉工場と遠く離れていること、少なくとも電力供給が同一管内でないことが最低の条件であった。東日本大震災では、輪番停電による電気供給の不安定さから製造工程に大きな影響があった。さらに海外から見れば、本州のなかでは「近い」と映ってしまう。そして最終的には北海道と九州が候補地になり、札幌市に隣接する北広島市に立地を決めたのだ。

齋藤英也社長は、「東日本大震災が起きて以降、他国の競合メーカーから、日本は地震国であるというネガティブキャンペーンによる強力な売り込みがみられた。それだけに、製造体制を二元化したことは、海外の取引先からも非常に評価が高い」と話す。明快なＢＣＰにより、安定的な製造体制を整えていくことが海外市場での差別化につながっている事例だ。

わたしは二〇一五年一月の新工場の竣工式に招かれたが、そこで齋藤社長からあいさつをしてほしいと頼まれた。当時わたしは東日本大震災の教訓として、分散型の国づくりを進めていくことの大切さを訴えており、ＢＣＰの観点から首都圏にある企業の北海道への誘致を訴えていた。それだけに、分散立地を決断してくれた齋藤社長の思いが長期的な視野で企業価値を高めることにあり、その決断への謝辞を述べたのである。会場には国内外から顧客や医療関係者が列席していたが、話し終えると多くの人から「あなたの話を聞いてユニシスが北海道に工場を置いた本当のねらいが分かった」と話しかけられた。なぜ北海道にもう一つ工場をつくるのかという素朴な疑問が解消されたのだろう。分散というコストが、結果的には高い価値を生み出す投資であるという点ではアクサ生命と共通する動きだ。

このように民間企業によるリスク分散の動きは、市場による強い要請でもある。会社のコアとなる機能が災害により維持できなくなることは企業にとって致命的である。市場にとっても良質な生産がストップすることは損失となり、それを防止するための安定的な事業継続に向けた取り組みは不可欠で、実際にその動きが出てきている。市場メカニズムによって集中の効率性が生まれ、さらに集中を加速していく動きは、非常時には致命傷となる。集中のメカニズムの脆さともいえる。市場が求める集中とバックアップのバランスをどのように読み取っていくか、民間企業の挑戦が続いている。

このような民間部門の動きに比べると政府部門の動きは鈍いと言わざるを得ないが、地方からは、首都機能のバックアップとしての分散移転を戦略として掲げる動きも出てきている。

北海道バックアップ拠点構想

首都機能のバックアップという観点から、地方の役割を果たしていこうという新たな戦略構想が、東日本大震災からちょうど一年後に北海道から提起された。北海道庁が策定した構想だが、わたしは有識者会議の座長として検討作業に深く関わることになった。

北海道では、東日本大震災直後の知事選挙で高橋はるみ前知事の公約としてバックアップ拠点構想が掲げられていた。もともとデータセンターを想定した非常時の予備施設群のイメージであったが、わたしはこの機会に首都の中枢機能のバックアップを担う地方拠点としての骨太の構想を提起すべきであると考えていた。そして、北海道庁のスタッフと議論を重ねながら、国家的な視野でのバックアップ体制を構築していくための政策を「北海道バックアップ拠点構想」としてまとめていった。

構想では、首都直下型地震、南海トラフ地震等の発生が高い確率で予測されている状況で、東日本大震災のような巨大災害が首都圏を襲うことになればわが国の経済活動、社会活動に大きな損失を与えることになるという認識を示し、それを少しでも避けるために首都に集中する行政機能、本社機能などの諸機能を日本の各地域が分担し合う国家的な視野でのバックアップ体制を構築していく必要があるという考え方を示した。そこで北海道は、幅広い分野で、バックアップ機能を担っていける可能性があることを提起していった。

具体的なバックアップ機能として六つの分野を掲げた。一番目は、「一時避難や移住の受け入れ」で、災害時の避難、移転の場としての役割である。二番目は、「被災地への緊急的支援」で、人的支援や物資の備蓄、供給体制、医療支援体制の強化などである。三番目は、「国の行政機能の代替」として、中央省庁等の行政機能の移転、分散を、四番目は、「国内分散型の産業活動の拠点形成」として、首都圏のオフィスや生産拠点、データセンターの分散、誘致を掲げた。五番目は、「エネルギーの安定供給」として、再生可能エネルギーの開発、導入や送電機能の強化を、そして六番目には、「食料・水の安定供給」として、食料備蓄も含めた食料の安定供給と水資源の保全と利活用を掲げている。一番目、二番目の機能は、非常時における緊急的対応施策が中心だが、三番目からは平時における政治・行政システムを地方の役割を踏まえて見直していくことで、非常時においても強いバックアップ機能を発揮し、安定した国づくりに資するものとした。これらの機能は、全国の地方圏に共通するものであるが、北海道においては他地域に比べてバックアップ機能を強力に発揮できる特性があることを示した。特に北海道は、一つの行政区域で太平洋側と日本海側の両海域からのアクセスが可能であり、このことは、効果的にバックアップ機能を活かす優位な条件である。その他、高い食糧供給力や豊富な水資源、さらに首都圏の中枢機能を代替しうる札幌圏の高次な都市機能も北海道の優位なバックアップ機能といえる。

バックアップ機能の重要な要素は、同時被災の可能性が低いことである。サプライチェーンの課題も考慮すれば、バックアップ機能にはある程度の距離の隔絶性が求められる。ここでは首都圏からの距離の遠さが、有利な条件になるのである。これまで地方のハンディとされてきた、大消費地である首都圏との距離の大きさが、優位条件になることは地方の戦略にとっては画期的な転換である。首都圏から距離が遠い、陸続きでない、寒冷地といった北海道の特性は、これまで企業を呼び込む上で不利な条件であったのだが、東日本大震災を契機に、同時被災リスクの低さなど優位な条件として見直されてきている。辺境の地が、バックアップ機能というフィルターを通すことによって、リスク分散の適地になってきたことの意義は大きいといえる。

札幌への本社移転の表明後すぐに、アクサ生命の幹部がわたしの北海道大学の研究室をわざわざ訪ねてきてくれたことがある。わたしが、北海道のバックアップ拠点構想の策定に関わったことからの来訪であった。企業が地方に立地する際に、地元が熱意を持って受け入れてくれるかどうかということは大事な要素だ。北海道にバックアップ拠点構想という政策を示したことはアクサ生命にとっても心強いものだったのだろう。民間の動きを地方の独自の政策でしっかり受けとめられれば、分散の流れをつくり出すことができるということを感じた。

平時の論理、非常時の論理　ホットサイトの発想

ここまで巨大災害のリスクに備えた国土づくりをどのように進めていくべきか、民間のＢＣＰの動きや北海道の政策を見てきた。大切な視点は、「平時の論理」と「非常時の論理」の健

全なバランスであり、そのために地方が果たす役割をしっかり見極めていくことである。

平時の論理を推し進めると、市場メカニズムが重視され、いかに無駄を省いて効率よく合理的に物事を進めていくかが求められる。また、物事を機能的に処理するため、タテ割り構造が基本となり、効率的な処理ができる大都市重視の集中の論理へとつながっていく。一方、非常時の論理ではいざという時に備えるために、長期的、巨視的な視点が求められる。

国づくり、地域づくりでは平時の論理と非常時の論理のバランスが必要であるが、二〇世紀末から次第に平時の論理や集中の論理が支配するようになってきている。その結果、国土や経済社会が有事に脆い構造になってしまってきている。それを教示してくれたのが、東日本大震災であったともいえる。非常時と平時では、同じものでもその役割や価値が大きく変わる。ここで大事なことは非常時に役立てばいいということではなく、平時においてもより効率的な利用を目指していく工夫と挑戦を忘れてはいけないことだ。

コロナ危機への対応においても、平時に活かせる取り組みは少なくない。「三密」を避けるためにオンラインが急速に普及したことで、オンライン化に消極的であった学校や医療現場でも一気に導入が進んだ。特に医療現場では、これまで岩盤規制の象徴とされた初診患者のオンライン診療が特例的にではあるが解禁されたことは画期的だ。電話診療も普及し、わたしも経験したが病院での感染リスクも回避され、時間も有効に使え、まことに快適であり、一過的な措置には終わらせたくないと痛感した。また持続化給付金の申請も紙のやりとりが必要なく、スマホで申請出来るようになったのも画期的だ。コロナ危機という非常時に多くの「やれば出来る」ことが証明されたのだ。これを平時における通常の仕組みに定着させていかなければならない。

コロナ危機をきっかけに、東京の本社を地方に移転する動きが出てきた。東京都渋谷区代官山に本社のあった茶類販売大手のルピシアは、二〇二〇年七月に本社を北海道ニセコ町に移した。企業としての永続性を考えると、東京に業務を集中するメリットよりも、コロナ禍や災害によるリスクの方が高いと判断したという。また、パソナグループは、二〇二〇年九月から段階的に、東京本社を兵庫県の淡路島に移転することを決めた。背景には、テレワークの進展がある。都市部ではなく地方の観光リゾート地への立地の動きは、新たな地方分散の潮流として注目される。

国土政策の衰退

戦後の歴史を振り返ると、大都市と地方の関係について最も関心を持って進められた政策は国土政策であった。国土総合開発計画など一〇年に及ぶ長期計画を政策手法として使いながら、日本列島改造論、田園都市国家構想、ふるさと創生などの政治リーダーの理念を背景にして、長期的な視野で次世代に向けて日本の国づくりを目指した政策であり、そこでは首都機能の分散も大きなテーマであった。国土政策には批判も多かったが、政策の関心が大都市と地方のバランスに置かれていたことを忘れてはいけない。しかし、九〇年代以降になると、小さな政府を目指す構造改革政策の台頭やバラマキ批判などで政策としての影響力は次第に低下していく。それとともに、大都市と地方の格差や首都機能の分散などの議論も次第に姿を消し、政治の関心も薄れていく。

二〇一四年の春に日本創成会議の分科会が公表したレポートは、全国の半数近い八九六の市町村が消滅の可能性があるという内容で大きな反響を呼んだ。久しぶりに大都市と地方の不均衡な構造について警鐘を鳴らしたものであった。若年女性が出生率の低い東京圏に集中し、それが人口減少の負のスパイラルを起こしているという、日本の人口減少の要因が、東京一極集中構造にあることを指摘したのだ。しかし、それを契機に二〇一四年から進められた国の地方創生において、本格的な地方分散政策が進められることはほとんどなく、逆に首都圏への人口移動が加速するという極めて皮肉な結果となっている。

なぜ国土政策をめぐる議論は衰退してきたのだろうか。その背景には、構造改革と呼ばれる民間の力を重視する考え方が強くなってきた流れがある。八〇年代後半になると市場メカニズムを重視する政策が世界的な潮流となってくる。これは、政府の役割を控えめにした「小さな政府」を目指す動きであり、イギリスのサッチャー政権やアメリカのレーガン政権などを支えた思想でもある。シカゴ学派の経済学者ミルトン・フリードマンなどによる、市場主義を中心に、経済活動は民間に任せ、小さな政府を目指す考えが大きな影響を与えるようになった。わが国でも、特にバブル経済破綻以降になると、経済合理性を重視する構造改革と呼ばれる政策が展開されていく。そこでは、国土政策は地方に対するバラマキ公共投資のための政策ではないかと批判され、計画経済的な手法への抵抗感などともあいまって、国土政策の役割は次第に低下していった。経済合理性を重視した政策にシフトしていくと、次第に集積した都市部での施策が増えてくる。その結果、大都市圏と地方圏の格差がさらに拡大し、東京を中心とする首都圏一極集中という構造が再び強くなってきた。

民主党政権になってからも、基調は大都市重視の効率性を重んじる政策が中心で、一層格差拡大が加速していった。例えば、「コンクリートから人へ」という政策は、空間の広がりよりも人の数を重視する政策の比重が高くなることであり、結果として大都市部への投資を加速するものとなった。少子高齢化時代で、医療、福祉政策といった、人々への支出が増える政策が増大すると、さらに地方の空間整備に対する公共投資が減少していく流れが加速する。しかも、政権を担う政治家の地方に対する関心も次第に薄れている。東日本大震災後も、国土政策レベルでの首都機能分散の議論はほとんど聞かれなくなった。地方創生においても、首都機能の分散策として政府機関の移転などがうたわれたが、ほとんど手がつけられていない状況である。

政治リーダーの役割

しかし、首都直下型地震の可能性の大きさを考えると、首都圏への一極集中が加速する国土構造のあり方は大きな問題であり、次世代につなぐ安全な国づくりに向けた政策議論は欠かせない。そこでは、国土政策の役割を再考しながら、次の時代につないでいくことが必要である。大切なことは、国主導の国土総合開発計画をそのまま復活させることではなく、長期的な視野で国のかたちを示していく政策議論の伝統と経験を伝えながら国民の関心を呼び起こすことであろう。そこでは政治リーダーがその理念を示していくことが欠かせない。

わたしは七〇年代に国土総合開発計画に携わっていたことがある。当時、大平正芳総理から田園都市国家構想が示され、その理念に沿ってそれまでバラバラだった各省庁の地域政策が国土政策として集約されていったことを覚えている。また、竹下登総理の下で進められたふるさと創生の時代には、国務大臣秘書官として現場にいたが、首都機能移転に向けた議論が総理主導で進められた。もちろん強い抵抗もあったが、国づくりの哲学、理念をリーダーが示していくことで、大きな動きが出てくることを実際に見てきた。自然災害が頻発するわが国で、多くの機能が首都に集中する現在の国のかたちをどのように変え、未来の世代につなげていくのか。強い政治のリーダーシップがなければ、将来の国のかたちを示す政策は進められないだろう。残念ながら、安倍晋三前総理時代の「地方創生」では、思い切った地方分散に向けた国土政策が展開されることはなかった。地方を重視する菅義偉総理大臣の下で、骨太の政策議論が進むことを期待している。

分権型の国づくり

地方の持つ多様な力を活かす国づくりのためには、大都市から地方への分散とともに、地方が主体的に政策をつくり、それを実施できる分権社会の仕組みをつくりあげていく必要がある。わが国では、九〇年代に地方分権改革が進められた。形の上では国と地方は、それまでの上下・主従の関係から対等・協力の関係に変わっていったが、実質的な権限の多くは中央に残されたままである。しかし、地方の持つ多様な力を変革のエネルギーに変えていくためには、さらに思い切った分権改革が必要である。

残念ながらわが国で今すぐに分権改革が実現できる状況ではないが、大切なことはわが国が目指す将来の国のかたちについて、その道筋も含めてていねいに議論を積み上げていくことだろう。わたしは、わが国が目指す分散型、分権型の国づくりについては、欧州の経験のなかに多くのヒントがあるように思っている。ここではフランスとイタリアの経験を紹介する。フランスとイタリアはともにわが国と同じような中央集権型の国家であったが、一九八〇年代以降は着実に産業政策分野も含めて大胆な地方分権を進め、それが国の経済発展を支えている。政策手法は異なるが、いずれも成熟した国家が地方の力を分権改革によって活かしながら発展していくモデルであり、学ぶべきところが多いと感じている。

フランスの分権

フランスはわが国と同じように、首都パリに諸機能が一極集中する国土構造で、歴史的にも地方分散が国づくりの大きなテーマとなってきた国だ。フランスの地方分権の取り組みで特に関心を引くのは、国の国土開発政策の管轄区域であった州(région)に時間をかけて権限移譲を進め、完全な地方自治体としたことだ。日本でいえば、九州、四国、東北のようなブロック単位で、三〇年かけて新たな地方自治体をつくり上げたのである。ドイツのような連邦国家ではない、中央集権的な政治構造のフランスが、国土開発の分野で大胆な地方分権を進めていることに驚かされる。フランスは、もともと一〇〇弱の県と三万六〇〇〇に及ぶ市町村という二つの地方自治体によって成り立っていた。戦後は、わが国と同じように国土復興に向けて重点的に開発政策に力が入れられた。内務省とは別にDATAR（ダタール）という国土整備、開発政策を所掌する省が一九六三年に設置され、州はDATARの地方機関の管轄単位であった。徐々に分権を進めながら、一九八二年には、その州を完全な地方自治体に切り替えたのである。背景には、EU内での産業競争力を高めていくためには、機能的な広がりの単位で、地域の実態に合わせた政策を柔軟に遂行していく必要があったからだ。このような思い切った改革が実現できた大きな要因に、分散型、分権型の国づくりに向けた政治の強いリーダーシップがあった。フランスでは歴代の大統領が地方分権に取り組み、特にミッテラン大統領下では、思い切った州への権限移譲が進められた。そこにはパリに頼るだけでなく各地域の強みを活かしながら国全体で競争力を高めていかなければ欧州のなかで存在感を発揮できないという強い危機感が感じられる。

わが国では、国による国土政策の役割が弱くなる一方で、分権改革も十分進んでいない中途半端な状況が続いている。日本では二一世紀初頭に北海道を対象に道州制の議論が提起されたことがあった。フランスのような広域的な分権型行政体が新たにできればという思いで検討会に参加したが、残念ながら期待外れであった。二〇〇六年一二月には実質的に北海道を対象とする、道州制特区推進のための特別法が制定されたが、特区という従来の規制緩和の手法を使っただけで、地元の権限移譲の要求はほとんど退けられている。強い政治のリーダーシップがなければ道州制は実現しない。

フランスの取り組みから学ぶところは多い。

イタリア経済の奇跡

イタリアの地方分権の変遷にも興味深いものがある。イタリアもわが国と同じように戦後は中央集権体制であったのだが、その後は地道に地方分権が進められてきている。イタリアの地方自治制度は、フランスと同じように州、県、市町村(コムーネ)の三層制で、州は戦後にできたものだ。今日まで憲法改正によって、自治権能は徐々に拡大してきている。特に州へは産業政策を中心に思い切った権限移譲が進んでいる。

わたしが初めてイタリアの地域開発に関心を持ったのは、一九八五年の秋だ。当時イタリアは南部地域で鉄鋼コンビナートや石油化学コンビナートなどの工業化政策を進めようとしていたが、うまくいかず、政策見直しのために国会に南部イタリア開発特別委員会が設置された。戦後世界的に注目されていた特定地域の地域開発は、イタリアの南部開発と日本の北海道開発であったことから、特別委員会のメンバーが比較検証のために北海道開発政策の調査をするために来日した。そのときにわたしが日本側の担当者として調査に協力することになった。

イタリアの地域開発政策を勉強して驚いたのは、予想以上にイタリアが地方分権に力を入れていることであった。調査メンバーの国会議員からも、「国主導での南部開発はうまくいかなかった」「産業政策の権限は地域の実態が分かっている地方自治体にまかせるべき」という声が聞かれた。分権によって地方の活力を高めていくという強い思想が伝わってきた。

その後、イタリアが注目される動きが出てくる。それは、「第三のイタリア」と呼ばれる地方の中小企業による驚異的な産業発展だ。九〇年代後半のわが国の中小企業白書でも毎年注目して取り上げていたほどである。「第三のイタリア」とは、イタリア中部のベネト、エミリア・ロマーニャ、トスカーナ州で構成される地域だが、そこで注目すべき工業発展が見られるようになった。特に、ボローニャ市、フィレンツェ市を中心に集積する家族的経営の中小企業から、アパレル産業を中心に、世界的マーケットを相手にする多品種少量生産で、高い付加価値を伴ったグッチなど、日本でも知られる著名な企業が輩出されてきたのだ。大規模企業では対応できないニッチ市場を対象とし、「イタリア経済の奇跡」といわれる経済復興の原動力となった。この動きは世界的にも注目され、学問的にもフレキシブル・スペシャライゼーション（柔軟な専門化体制）というテーマで研究されるようになった。このような地方からの創造的なエネルギーを生み出す契機になったのが、州を中心とする地方自治体への思い切った権限移譲である。特に産業政策について大幅な分権を進めてきており、近年では県や市町村への分権にも力を入れている。

ソーシャルキャピタル

イタリアの地方分権改革の動きに着目して長年研究を進めてきた研究者が、ロバート・D・パットナムである。ハーバード大学の教授を務める政治学者で、ソーシャルキャピタルという言葉を広めた人物として知られている。ソーシャルキャピタルとは、第4章の連帯のダイナミズムでも紹介しているが、人と人のつながり、人間関係が大切な社会の資本であるという考え方で、地方の力を高めていくために大切な概念である。彼が、ソーシャルキャピタルに着目する契機になったのが、イタリアにおける地方分権改革の研究である。彼は政治学者として、イタリアの地方分権が、州政府の統治パフォーマンスにどこまで影響を与えたのか、そこから民主主義がうまく機能するための条件を探ろうとした。その分析調査の結果、市民の社会参加やネットワーク力の強さなど社会的なつながりの力と、統治パフォーマンスの高さが強く相関していることを見出したのである。南部地域では見事なまでにパフォーマンスが低かったという彼の分析結果にはうなずかされた。ソーシャルキャピタルについてわが国では、市民活動、ボランティア活動などの関連で語られることが多いが、彼が着目したのは、民主主義をより有効に機能させ、経済発展の力を生み出していくための源泉としてのソーシャルキャピタルであった。分権によって力強い地域社会をつくりあげていくためには、権限移譲を進めるだけではだめで、住民一人ひとりが政策を支えていく状況が醸成されなければいけない。人々のつながりの強さによって支えられた分権社会を目指していく必要があるだろう。

わが国では、九〇年代半ばから地方分権の推進に向けた検討が始まり、九九年にはいわゆる「地方分権一括法」が制定された。それまで、上下・主従であった国と地方の関係を対等・協力の関係に変えていくという理念のもと、機関委任事務などが廃止された。ただ、時限的な取り組みであったこともあり、住民自治の拡充や自主的な財政権限の拡大など残された課題も多く、「未完の分権改革」とも呼ばれている。わたしは、わが国の分権議論は、器づくりに主眼が置かれていたように感じている。目指すべき分権社会とは、単に権限を国から地方へ移譲するのではなく、人々の社会的なつながりによって分権による統治パフォーマンスを高めていく社会であるべきだろう。ロバート・D・パットナムを紹介した理由もそこにある。大切なのは、住民のやる気や参加意欲、住民同士のつながりなど与えられた権限を発揮できる幅広い地方の力であり、その力を発揮していくために必要な「地方の論理」を構築していくことであろう。

このような思いから、第2章以下では、「辺境」「共生」「連帯」の三つの軸で、わたしが実際に取り組み、調査した事例を紹介しながら、「地方の論理」を探っていく。

第2章
辺境からの発想
ハンディをエネルギーに

アラル海の悲劇　「20世紀最大の環境破壊」と呼ばれるアラル海の消滅．今は，朽ち果てた漁船が湖底に放置されている．

辺境は、国境に接していることによる緊張感と、異文化との交流拠点であることから、独自の発想が生まれる地域だ。沖縄の復興の歴史や北海道の開拓の経験からもそれを感じる。わたしがはじめて地方の政策に関わったのは、一九七〇年代のはじめに北海道開発庁(現国土交通省)に入庁し、北海道総合開発計画の業務に携わった時だ。当時は、一九七一年に策定された第三期北海道総合開発計画を推進している時期であった。当時の北海道総合開発計画は北海道庁と国が一緒に計画策定作業を行っていたが、なかには地方発のユニークな政策が盛り込まれていた。北方圏構想という政策で、気候風土を同じくする北米、カナダ、北欧などとの交流を通じて、産業経済や生活、文化の向上を図ろうとするものだ。この政策は北方圏交流事業として、北海道、札幌市、民間団体などにより長く活動が続けられている。東京を経由せずに地方が直接国際交流を行うさきがけとなった取り組みであり、その後鹿児島で取り組まれた「からいも交流」などのモデルにもなっている。

北方圏構想の当初のねらいは、実はわが国の資源確保に向けた大胆な戦略的な発想であった。当時想定していた北方圏地域は、ロシアのシベリア、極東地方、アメリカのアラスカ州、カナダ北西部諸州などで、これらの地域は未開発資源が豊富であるが、いずれも先進国に属し、本国の中心から遠隔の辺境地域であるといった共通点がある。当時の日本は高度成長期でエネルギーや基礎資源のほとんどを海外に依存していたが、資源供給国が偏在しているというリスクがあった。そのため、資源輸入の相手国を広く求めていく必要があった。そこで北海道は、同じ地理的条件にある先進国の北方の辺境地域に着目したのである。それらの地域も本国の中央から遠隔にあるため、近隣にある北海道の開発協力を得た方が効果的と判断する場合が多いだろうという戦略的な思惑があった。七〇年代にはシベリアや極東開発の可能性を探る調査が実施され、資源の安定確保を求めて、本州の大手民間企業も積極的に参加した。単なる国際交流ではなく、辺境と辺境をつなぐ地政学的なグローバル戦略が、半世紀も前に提起されていたのである。辺境に位置することで、東京からは出てこない大胆な発想と着眼が生まれることがある。そして地方で長く活動していると、もう少し中央に地方の力を有効に活かす識見と度量があれば、流れが変わっていたのではと思う事案に遭遇することがままある。戦後七〇年以上動いていない北方領土問題もその一つである。

一　地元不在の北方領土交渉——地方の知恵と経験を活かす領土交渉を

安倍前総理とプーチン大統領は長い間北方領土交渉を重ねてきたが、残念ながら見るべき成果はなかった。二〇一八年に一九五六年の日ソ共同宣言を基礎に平和条約交渉を加速することで合意した時は、四島返還にこだわらず早期に解決する戦略のように思われた。しかし、それでも進展は見られず、それどころかロシア側では憲法を改正して領土割譲禁止条項を盛り込む動きすら出てきた。あらためて領土交渉のあり方を戦略的に見直していくことが必要だろう。わたしは北方領土問題を専門に研究している者ではない。しかし、いくつかの局面で北方領土問題に関わる機会があり、これまでの北方領土交渉に地方の知恵と経験を活かす状況があれば、と感じる局面があった。ここでは、地元北海道の立場から北方領土交渉を考えてみたい。

ロシアにとって極東の先に位置する北海道は、魅力のある地域である。明治以降の北海道の開発政策のノウハウなどは、極東開発にとっては貴重な経験となるだろう。北方領土は日本の領土であるが、北海道の一部でもある。日本国として領土の原点である地域の政策経験に対する関心が希薄であったことで、領土問題の解決が長引いているのであれば、残念なことだ。

長引く領土交渉

北方領土の復帰を実現して、日ロの平和条約を締結することは日本国民の悲願である。一九五六年、「日ソ共同宣言」により日本とソ連は国交を回復したが、領土問題が未解決のために平和条約締結には至らなかった。それ以降、政府は北方領土の返還に向けて国民的な運動を盛り上げるとともに、外交交渉を積み重ねてきているが、ほとんど進展はしていない。しかし、一時期その状況が変化したことがある。一九八五年、ソ連にゴルバチョフ書記長が登場し、「ペレストロイカ」が始まってからだ。九一年四月には大統領となったゴルバチョフが来日し、交渉は一気に進展。懸案の領土問題が四つの島であることを確認して、平和条約締結交渉を急ぐことに合意し、返還への機運が高まった。「ビザなし交流」が始まったのもこの時である。その後ソ連は崩壊し、九三年一〇月にエリツィン・ロシア大統領が来日して細川護熙総理と「東京宣言」に調印。さらに九七年一一月には、クラスノヤルスクにおける橋本龍太郎総理とエリツィン大統領の非公式首脳会談で、「二〇〇〇年までに平和条約を締結するよう全力を尽くす」ことが合意され、実務レベルで平和条約交渉が行われる状況が生まれた。その後、交渉は小渕恵三総理に引き継がれたが、次第にロシア国内の政治情勢、日本国内での反対論の台頭や政治的な混乱などにより、交渉は停滞していく。

プーチン大統領の時代になってからは、ロシア経済の好不況が交渉に影響を与えるようになるが、二〇一六年一二月にプーチン大統領が来日し、北方四島での共同経済活動に関し、日ロ双方の法的立場を害さない「特別な制度」を創設するため具体的な協議を開始することで安倍総理と合意したことで、新たな展開が出てきた。「北方四島の未来像を描きその中から解決策を探し出す未来志向の発想」(安倍総理)というメッセージからは、ロシア人と日本人が共生しながら魅力ある地域づくりを展開していく新たな政策の提起がなされ、それが契機となって領土交渉が進展するのではないかという期待が地元北海道、特に根室地域において高まったが、その後目立った展開はないまま、二〇二〇年九月に安倍総理は辞任した。

地域の経験を活かせないジレンマ

わたしはこれまで北方領土問題をめぐる交渉や議論については関心を持って見てきたが、北海道の一部をなす地域についての返還交渉でありながら、その地域を将来どのように有効に開発振興していくのかという地域政策の観点からの議論が一向に伝わってこないことにジレンマを感じていた。「外交交渉は国の専権であり、地元は交渉を邪魔しないように返還運動をしっかり支えてくれればいい」というのが、政府の姿勢であった。しかし、領土交渉の対象は北海道の一部地域である。北海道のこれまでの政策経験を熟知していることで交渉上優位に立てることもあるのではないだろうかという思いもあった。

北方領土をかかえる北海道は、明治の近代国家づくりに向けて北辺の防備を固めるため総合的な開拓、拓殖政策によって急速な開発整備が進められ、国際的な経済協力の現場などでは、北海道は成功モデルとして高い評価がある。領土交渉の局面によっては有力なカードになり得たのではないかと思われる。

また、わたしは旧ソ連邦である中央アジア諸国での経済協力にも関わってきたが、特に社会主義から市場経済に移行していく経済システムにおいては、北海道のように長期計画に基づく開発手法が受け入れられやすい。例えば、二〇〇四年に国際協力機構（JICA）の事業で、旧ソ連邦であったキルギスのイシククリ地域総合開発計画の策定支援に関わったことがある（本章三参照）。その折に幹部を北海道に招いて研修を実施した。旧ソ連時代の計画経済を経験していた幹部は、市場経済の下でも北海道総合開発計画のような計画政策が有効に機能していることに驚いていた。

国内においても一九七二年の復帰時における沖縄の復興開発システムは基本的に北海道開発のスキームを適用している。特定地域を重点的に開発振興するモデルスキームのノウハウが北海道にはあるのだ。さらに、北方領土に隣接する根室地域では、戦後総合農業開発プロジェクトとして、根釧パイロットファームが世界銀行の長期融資を受けて実施された。このプロジェクトはその後の新酪農村建設に引き継がれるが、先行基盤整備による大規模機械農業の先駆的な開発政策の経験は、開発途上国をはじめ多くの世界の国々から関心を持たれている。

北方領土交渉が日ロの平和条約締結を目指した外交交渉である以上、国が主導していくことはもちろんであるが、領土交渉を優位に導いていくためには領土をかかえる地域の経験や知恵を活用していくことが重要であろう。ここまで長期化した北方領土問題を歴史的な文脈でながめてみると、時間の経過とともに、北方領土問題の解決に果たす地域の役割が次第に増してきているのではないかとも思える。これまでの北方領土問題の系譜を地域の側から振り返ってみると、約四〇年前に総理自らが北方領土に隣接する根室地域への支援を指示するという「事件」があった。

北方領土隣接地域安定振興対策

一九八〇年一一月一四日の閣議で、当時の鈴木善幸総理大臣が、北方領土問題について特に発言を行い、北方領土に隣接する根室地域は領土問題が未解決であるため多くの困難な問題を抱えているとして「根室地域に対する国の支援の姿勢を明確に示すことが緊要と考える」と述べ、関係閣僚に積極的な取り組みを指示した。この発言は、「不規則発言」と呼ばれた。事前の事務次官会議にも諮らず、閣議案件に予定されていない事項について総理自身の判断でなされたものであり、当時としては異例のことで大きな波紋を巻き起こした。

背景には、一九七七年にソ連が自国の漁業専管水域を拡大する「二〇〇海里宣言」を突如行ったことで日ソ漁業交渉が難航するようになったことがある。鈴木総理はそれまで農林水産大臣としてソ連と漁業交渉に臨んできたが、いわゆる「レポ船情報」により、日本の手の内が読まれていたという痛い経験が何度もあったといわれていた。

二〇〇海里宣言は、それまで北洋漁業の拠点として繁栄してきた根室にとっては大きな打撃であった。帰らざる領土を目の前にして、根室では「島よりも魚」という風潮が漂いはじめ、レポ船といわれる漁船がソ連側に日本側の情報等を提供することで、見返りに漁船監視の手をゆるめてもらうという動きが伝えられるようになった。一方で、米中国交正常化の流れのなかでソ連は北方領土の軍事強化を図るようになり、ソ連国境警備隊による日本漁船拿捕の報も相次ぐようになっていった。

北方領土の元住民が多く居住する根室地域は、北方領土返還運動の発祥の地であり、運動の拠点として重要な地域である。その根室地域が動揺するような状況を避けるためにも、特別な支援が必要であると総理自らが指示したのである。

この北方領土隣接地域安定振興対策をどの省庁が担当するかについては大きな議論があった。当時は緊縮財政下で特別措置の財源もなく、各省庁も尻込みをする状況のなかで、結局当時の北海道開発庁が所管することになり、わたしが総理発言後の一九八一年四月から三年間にわたって担当者としてこの政策に関わることになった。前例のない政策であり、しかも総理からのトップダウンで指示された政策であったにもかかわらず、財政当局は反対の立場で、政府内の調整は熾烈を極め、忙殺された。しかし結果として、「北方領土問題等の解決の促進のための特別措置法」が自由民主党を中心とする議員提案で一九八二年八月二〇日に成立した。この法律は、北方領土に隣接する根室地域への特別な安定振興策を主たる内容とする地域振興法である。北方領土問題の解決という外交課題に、どのような地域政策の特別措置が寄与していけるのかという難しいテーマの政策を立法化したもので、わたしの行政経験のなかでも忘れられない経験である。

一般的な地域振興についてはそれまで多くの政策モデルがあったが、領土問題の解決に向けて、どのように「住民の生活の安定」を図り、そのためにどのような地域政策を進めていけばいいのかについて、参考となる施策の事例はなかった。外交政策と内政の地域政策が混在しているところに制度設計の難しさがあった。当時の法律の目的は、ソ連との間の平和条約を締結し、両国の友好関係を真に安定した基礎の上に発展させることに資することであった。しかし、実際の政策手法は、公共事業等の補助率の嵩上げ措置や、地方自治法上の振興基金に対する助成という、伝統的な地域開発政策の手法であった。大変悩み深い作業であったが、そのなかでわたしは一つのアイデアを思い描いていた。

それは、安定振興政策の成果を積極的に外交交渉に活用していけないかという発想である。当時ソ連経済は大変疲弊しており、日本の経済状況とはかなり格差があった。ソ連との距離も近い隣接地域に魅力ある地域づくりをすれば、ソ連にとっては輝くショーウィンドウのように映り、返還交渉に向けてのインセンティブになるのではないかというアイデアであった。もちろん当時はビザなし交流も始まっていなかったが、非公式には根室地域や北海道の豊かな生活ぶりの様子が伝わっており、返還に向けての機運を高める効果があるのではないかと思われた。しかし、外交のプロの目から見れば採用に値するものではなかったようだ。

外交交渉と地域政策は別次元

一九八〇年代初頭に北方領土隣接地域安定振興対策を進めていた時の外務省の窓口は欧亜局ソヴィエト連邦課であり、課長は丹波実氏であった。丹波氏は外務省のロシアンスクールと呼ばれるロシア専門家で、その後、ロシア大使を務め、川奈での橋本総理とエリツィン会談にも同席するほど北方領土問題には精通していた外交官である。わたしも国会の委員会で北方領土問題に関する質問に対する丹波氏の答弁をよく聞いていたが、論理明快で立て板に水を流すような答弁ぶりには感心させられた。野党議員からも一目置かれる存在であった。隣接地域安定振興対策をスタートさせた一九八〇年は、自民党の政調部会や国会審議の場などで丹波氏とはよく一緒になった。また、丹波氏が北海道出身ということもあって、時々話をする機会があった。

ある時、わたしから根室地域の振興対策を積極的に活用して魅力ある地域を北方領土のすぐ近くにつくり上げることが、外交交渉の材料にならないだろうかという話題を出したことがあった。その時丹波氏からは、やや厳しい表情で、外交政策と地域政策は異次元のものであること、北方領土隣接地域安定振興対策の役割は、あくまで外交交渉を阻害しないように、返還運動を担う拠点地域を安定させることにあるという答えが返ってきた。そこには国益を代表して外交を担う外交官のプライドが感じられ、それ以上の議論はできなかった。しかし、交渉である以上、幅広い駆け引きも必要であり、そこでは地域政策の経験を活かす戦略的な発想があってもいいのではないかという疑念は残ったままであった。実はそれから一二年後にその疑念が再び思い出される状況が出てきた。

オーランド島訪問

わたしは地域政策の研究者として、世界中のさまざまな地域の姿、挑戦の事例を数多く実践的に学ぶことを心がけてきた。その中で忘れがたい経験の一つが、ヨーロッパのバルト海に面し、スウェーデンとフィンランドに挟まれた小さな島、オーランド島（以下「オーランド」）である。

わたしがはじめてオーランドを訪問したのは、一九九二年一〇月であった。実はその時北海道開発庁で再び北方領土隣接地域政策を担当していた。当時は、ソ連の崩壊により、北方領土問題に新たな展開が出てくるのではないかという期待感が高まっていた。政府内でも返還後に向けた検討の動きが出てきていた。わたしは、以前から北方領土返還後のモデル地域としてオーランドの政策に関心があった。オーランドはフィンランドとスウェーデン両国の制度を調整させながら独自の政策をつくり上げている。将来、日本人とロシア人が共生していくための制度設計をするうえで参考になるのではないかと考えていたので、非公式なかたちでの訪問調査を実行したのだ。大変緊張感のある訪問であったが、オーランドの政府、議会の関係者は実に温かく迎えてくれた。

オーランドは、欧州における軍事戦略上の要衝にあることから、かつてはロシア帝国が欧州最大の要塞を築き、クリミア戦争では英仏連合軍の総攻撃で壊滅的な被害を受けるなど、幾多の戦乱に見舞われてきた悲惨な歴史がある。一九世紀の半ばからは、フィンランドの領土となったが、スウェーデン人が多く居住することから、独自の自治政策により完全に非武装による軍事中立地域として二つの世界大戦をくぐり抜けてきたのである。わたしは、北方領土問題の解決に向けて、オーランドの自立に向けた権利獲得の歴史から学べることはないかという調査の目的をはっきり伝えた。

当時オーランド議会事務総長であったヨハンセン氏は、オーランド議会に二〇年以上関わってきた政策立案の中枢スタッフで、初訪問のわたしに対して大変親切に、自治の精神を守るために頑張ってきた経緯をていねいに語ってくれた。自分たちの取り組みは世界の歴史のなかでも貴重な経験であるという誇りから、北方領土問題の解決に自分たちの経験を少しでも役に立ててほしいという気持ちが伝わってきた。

オーランドの独自の歴史は、一九一七年のロシア革命によるロシア帝国崩壊に始まる。スウェーデン人が多く住むオーランドは、独立を希望したが、フィンランドが反対し、その統治のあり方について各国の思惑が対立し、最後は国際連盟の裁定に持ち込まれた。一九二一年に裁定が下され、オーランドの非武装中立政策が認められた。裁定では、フィンランドが統治権を持つが、公用語はスウェーデン語とし、スウェーデンの文化、習慣に従うことを保証し、土地取得や選挙権については独自の制度を認めることとされた。それ以降、オーランドは、非武装中立政策を維持するとともに、独自の課税徴収権、司法業務など一歩ずつ自治権限を拡大していく努力を積み重ねてきており、フィンランド国会でも議席を確保している。しかし、独自の権利を維持していくことは容易なことではない。わたしの歓迎会の席上で、出席者が「ヘルシンキに出かけていってオーランド人だというと、弱虫、卑怯者だといじめられた」と語るのを聞いた。フィンランドではオーランドの住民だけが徴兵義務を免れているためである。小さな島が独自の非武装中立を守っていくことの難しさを痛感した。

オーランドの訪問調査で感じたことは、領土問題の解決に向けて、日本でもロシアでもない独自の地域を創造していくという選択肢が歴史的な経験としてあるということだ。オーランドの自立を支えてきたのは、非武装による軍事上の中立地域であること、さらに独自の地域政策について時間をかけて積み上げてきたことだ。北方領土についても、中立的な非武装地帯として、これまで北海道が積み重ねてきた経験を活かしながら独自の自治政策を展開していく可能性があることをあらためて感じた、わたしにとっては大変印象深い調査であった。

訪問中には、北海道とオーランドの不思議なつながりを発見した。オーランド議会の議場を訪問した際、一九二一年の国際連盟による裁定の場面を描いた絵画が掲げられていた。オーランドの人々にとっては、自分たちの国の帰属が決められた歴史的な場面であり、特別な絵である。案内してくれた職員から、裁定したのは東洋人だという説明を受けて、気になり、帰国後に調べたところ、一九二一年当時に国際連盟で事務局次長をしていた新渡戸稲造がその裁定を行ったことが分かった。北海道開拓の人材創出を担った札幌農学校で開拓の精神を学んだ新渡戸稲造が、欧州の紛争地処理で下した裁定によって、世界のなかで注目される自治政策が展開されていることに驚いた。

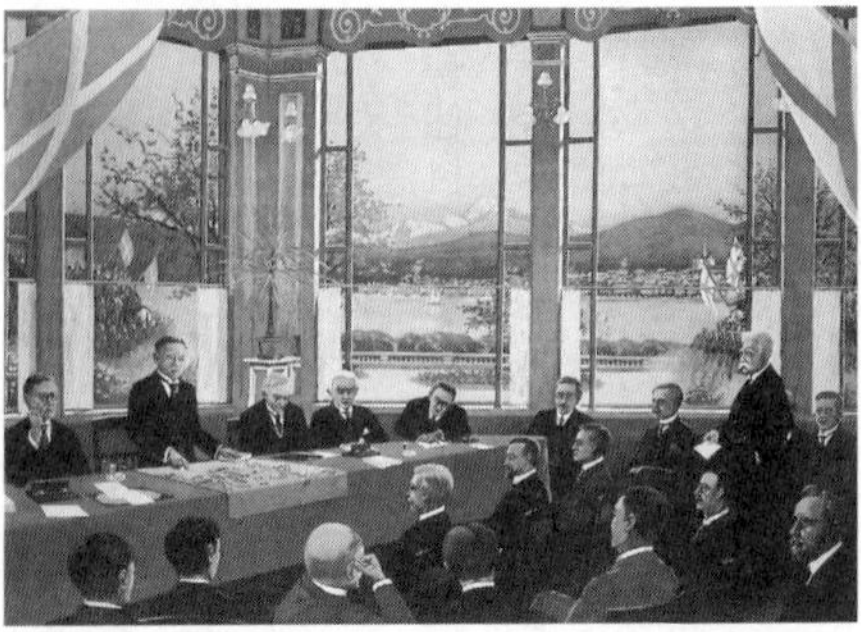

オーランド議会に掲げられていた新渡戸によるオーランド裁定の絵.

帰国後、わたしはオーランド以外の島嶼地域も含めて、北方領土返還後にロシア人と日本人が共生しながら暮らしていく政策の参考として、現地でのヒアリング内容をまとめたレポートを作成した。戦後から居住を続け、北方四島生まれのロシア人も現実に多くいるなかで領土の返還を求めて交渉していくためには、このレポートが返還後にロシア人と日本人がどのように共存していくかを考えるうえでの参考資料になるという思いがあった。しかし、レポートの公表について当時の上司が事前に外務省に相談したところ、ロシア側を刺激し、外交交渉に影響を与える懸念がある、慎重に扱うようにというアドバイスを受け、結局日の目を見ることはなかった。

後日、オーランド政府の関係者から、わたしの訪問の後にロシアの研究者がオーランドを調査で訪れたという情報が入った。調査の目的は、北方四島の将来に備えた情報収集であり、背景には政府の意向もあったという。この報を聞いて正直複雑な思いがした。返還後の特別な地域システムによる共生の姿を、世界の経験を踏まえながら実証的に示していく動きが双方にあったなら、領土交渉は別の展開を示していたのではないかという思いであった。この気持ちは、わたしが別の道を歩むようになってからも消えることはなかった。

ロシア人との共生に向けた研究

わたしは、一九九九年に北海道開発庁を辞職し、釧路公立大学で研究者として活動することになった。釧路公立大学では新設された地域経済研究センター長として、地域の課題解決に向けた調査研究に当たることとなった。根室地域に近く、またアカデミックな立場で調査・研究できる環境を得たことから、再び北方領土問題に向き合うことにした。

その当時、北方領土問題は、残念ながら政治スキャンダルの一環として報じられる機会が多くなり、領土返還に向けた機運は停滞していた。わたしは、そのような時こそ、歴史的な系譜を追いながら、返還を実現した後どのような政策を具体的に展開していく必要があるのか、特に、ロシア人との共生のあり方についてていねいに考察していく必要があると感じていた。

すでにビザなし交流事業が約一〇年間の実績を積み重ねてきており、地元根室地域を中心にさまざまなかたちでロシア人との交流が進み、相互理解が深まっていた。将来北方領土が返還された暁には、ロシア人と日本人が共生しながら生活し、経済活動を行っていくことを想定した枠組みが構築される可能性は高くなってきていた。共生していくためには、具体的にどのような施策、制度が必要なのか、広範な視点で調査研究を行うことにした。例えば、返還後にロシア人に対して、国籍取得、永住権、職業選択等、どこまでの権利付与を認めるのか。土地所有権、漁業権の権利調整をどうするのか。また、教育システム、言語の問題等想定される課題は極めて多い。しかも日本人は他民族との共生の経験が少ないだけに、より周到な検討がなされなければならない。経済社会のグローバル化のなかで、今後日本が異文化と併存、共生していくための実験的な意義もそこにはあるように感じていた。さらに、地元根室地域にとっては、自分たちが共生の主体者となるだけに、地域自らの課題として考えておかなければいけない切実なテーマでもある。このような思いから、わたしが研究代表者となって、一九九九年から三カ年かけて、「ロシア人との共生による望ましい地域社会の形成に向けて」という研究プロジェクトを釧路公立大学地域経済研究センターで実施し、二〇〇一年九月に研究報告書をとりまとめた。

この研究は、六名の研究者が多様な側面からのアプローチを試みたが、わたしは、そこで二つの研究テーマを担当した。一つは、小笠原復帰時の経験に見る「返還と共生」の課題である。戦後、奄美群島、小笠原諸島、沖縄が順次日本に返還されたが、一九六八年に小笠原が返還された際、小笠原諸島にはアイランダーと呼ばれる少数のアメリカ系住民の人々だけが居住しており、彼らは基本的に米法の統制のもとで社会生活を営み、言葉も英語を常用していたのである。つまり、北方領土が返還された時の状況と類似性があり、貴重な政策経験といえた。小笠原返還時、アメリカ系居住者と帰島島民の日本人が円滑に共生していくための特別措置がどのように行われたのかを調べてみた。土地所有権、耕作権、漁業権の権利調整、教育制度のあり方など詳細な調整の制度が設けられており、調べていくほどによく短期間でこれだけの制度構築ができたものだと感心した。

さらに興味深い発見があった。小笠原の返還後の復興に向けては、一九六九年に東京都が「小笠原諸島復興計画」を策定しているが、その計画の際に参考にされた計画が、実は一九五六年の日ソ共同宣言の後に北海道根室支庁が策定した、「歯舞諸島復興計画」と「色丹島復興計画」であった。根室支庁の計画書を見ると、集落単位で学校の建設場所まで明記された詳細な計画で、財源措置についても旧漁業権の国からの保証金を基金化するなどの検討も行われており、周到な計画作業であったことがうかがえた。皮肉なことに、返還に備えた根室地域の作業成果が小笠原返還時に活かされていたのだ。

もう一つの研究は、地元の人々の意識を分析して新たな共生政策の提案につなげていこうという調査研究である。グループインタビューの手法を使って、根室地域で領土問題に熱心に取り組んでいる人たちの意識調査を実施した。その結果、土地等の権利調整については、国による積極的な調整による現実的な解決を求める声が多く聞かれた。言語問題、教育システムについては、お互いの文化を尊重していこうという意見が多く、日本への同化政策を求める声は少なかった。また、返還後の北方領土については、貴重な自然をしっかり守るべきという声が多数であった。その理由は、ロシアによる自然保護システムがわが国の規制よりも厳しく、ビザなし交流でそのことの大切さを根室の人々は肌身で理解していたのだ。返還後もその政策を継承していくべきという意識の人たちが多かったのである。ビザなし交流の積み重ね、相互理解から根室地域には共生の仕組みをつくりあげる土壌がしっかり育まれてきていることが確認できた。

なお、根室地域においては地元の根室青年会議所のメンバーを中心にしたグループが古くから返還後の地域政策について熱心な検討を進めていた。一九九五年には「マリノフリーゾーン構想」という独自の構想を打ち出している。根室地域と北方領土を独自の制度による特別区域として地域づくりを進めていこうという地元からの提案であった。

共同経済活動

二〇一六年一二月、プーチン大統領が来日し、山口県長門市で安倍総理と首脳会談を行った。その際、両首脳は、北方四島での共同経済活動に関し、日ロ双方の法的立場を害さない「特別な制度」を創設するための具体的な協議を開始することで合意した。プーチン大統領は「共同経済活動の実現によって平和条約締結に向けた信頼の醸成が行われる」と主張したという。共同経済活動については、「平和条約問題に関する日本とロシアの立場を害するものではない」と明記された。共同活動対象は「漁業、海面養殖、観光、医療、環境その他分野」とし、二国間協定を想定した「国際約束の締結」の検討も盛り込まれた。

さまざまな条件がついてはいるが、外交交渉と地域政策は別次元のものという旧来の考え方を覆す新たな発想での合意である。わが国はこれまで北方四島での経済活動は「ロシア支配の容認」につながると認めてこなかったが、発想を逆転して、互いにメリットのある経済活動が展開される四島の姿を確認してから、平和条約を結ぼうというアプローチである。安倍総理も、「歴史的な経緯などにとらわれるのではなく、北方四島の未来像を描きその中から解決策を探し出す」と未来志向の発想を強調した。わたしは、合意内容がロシア人と日本人とが共生する特別な制度、政策研究の延長線にあることから、少なからぬ期待をいだいた。

実際に、これまでにない反応がいくつか出てきた。例えば二〇一六年のプーチン来日前にNHKの記者から取材依頼の電話があった。それは、小笠原諸島の復帰時におけるアメリカ系住民と帰還した日本人との共生政策についてのわたしの論考を彼が見つけたことが契機であった。

記者はわざわざ小笠原まで出向いて取材を実施し、そこで最新の小笠原の状況を確認したという。今でも基本的に土地や漁業権の権利調整の仕組みは変わっていないという。返還時につくり上げた共生の政策システムは臨時的なものであったが、半世紀を経た今もわが国の貴重な外国人との共生政策として継続されていることが確認できた。

また、二〇一八年四月に、連合(日本労働組合総連合会)主催の北方領土返還実現シンポジウムが東京で開催されたが、そこでの「日ロ共同経済活動への期待と課題」というパネルディスカッションにわたしもパネリストとして参加した。進行役は、NHK解説委員の石川一洋氏だった。石川氏は北方領土問題の専門家であるが、地域の立場も踏まえた幅広い視野で日ロ関係の改善に向けた共同経済活動のあり方を探ろうという姿勢には共感を覚えた。

わたし自身は、共同経済活動の内容よりも「特別な制度」の設計のプロセスが、領土問題の解決に向けては大事であること。また、特別な制度によって北方四島が力強い成長、発展していく可能性を具体的に見せていくことが、双方に特別な地域であるという認識を醸成させ、その共有感が返還の機運を高めていくことにつながるというシナリオが交渉にとっては重要であること。そして、その具体的な政策経験がすでに日本や北海道にあることを述べた。また、パネラーとして根室から参加した、毎日新聞の記者である本間浩昭氏は、ユネスコの世界自然遺産・知床を北方四島まで拡張するプランを提案した。提案の背景には、ロシアによる近時の北方四島における経済開発に伴う自然環境破壊への懸念がある。興味深かったのは、世界遺産条約が、領土問題の未解決な係争地であっても、両国政府が共同歩調を取れば、登録や拡張は可能であると定めていることだ。世界遺産になれば観光地としての価値も飛躍的に高まる。「双方の立場を害さない特別な制度」でエコツアーによる観光産業を発展させるという提案は、共同経済活動のシナリオの柱になり得るものだ。本間氏は、全国紙の記者でありながら、三〇年以上根室勤務を続けており、北方領土問題はライフワークだ。地元を知り尽くした人でなければ提起できない地方からの重い提案であった。

このような議論が生まれているにもかかわらず、残念ながらその後の領土交渉は難航している。プーチン政権の国内での政治基盤が弱くなってきているという背景もあるが、共同経済活動に向けた協議からは、領土問題の解決につなげていこうという熱意は残念ながら伝わってこない。実行できるものから実施していくという各論からのアプローチのようだが、それでは限界がある。本当に解決を目指す意思があるなら、双方にとってメリットとなる北方四島の未来像に向かって、立場を乗り越えた独自の制度、政策の構築が必要だ。安倍総理は在任中にプーチン大統領と二七回に亘る首脳会談を積み重ねてきたが突破口を開くことはできなかった。今後は、あらためて双方にとってのメリットは何かを真剣に考え、足下の地域の経験と力を活かした解決の道筋を探っていくことが必要であろう。

二　沖縄戦略――基地問題と独自の地域政策

わたしが初めて沖縄の地を訪れたのは、復帰後間もない一九七二年の秋だった。想像以上に国土が荒廃していたのに驚いた。特に道路や港湾、都市施設など社会資本の整備が遅れていたことが強い印象として残っている。沖縄がアメリカの統治下に置かれた戦後の二七年間は、沖縄地域の将来の成長発展を考慮した公的な投資政策は全く存在しなかったのではないかと胸が痛んだ。わたしがその後長く携わることになる国土政策、地域政策の大切さを感じた貴重な機会でもあった。

一九七二年五月に返還されて以降の沖縄は、基本的に戦後の北海道で進められてきた開発政策の手法をモデルにして振興開発政策の制度設計が行われた。社会資本の安定的な整備のための特別措置を中心にしたスキームである。その後、約四半世紀間、北海道と沖縄はほぼ同じ特別制度で開発政策が進められていくことになる。しかし、九〇年代後半からの大きな変化のなかで沖縄は独自の道を歩みはじめる。

一九九五年にアメリカ海兵隊員による少女暴行事件が起こった。当時の大田昌秀沖縄県知事は米軍用地強制使用手続きの代理署名を拒否。そこから普天間基地の返還合意、さらに「沖縄問題についての総理談話」が出され、沖縄独自の特別政策が急速に進んでいくこととなる。航空機燃料税の大幅な軽減措置や特区の創設など、これまでは難しいといわれていた特定地域に対する特別な制度が、九〇年代の沖縄において一気に実現していくことになったのである。

さらに二一世紀に入ると、自由度の高い一括交付金が認められ、地域政策の分野での「一国二制度」が沖縄で実現されていく。二〇一〇年には沖縄県が主体となって「沖縄二一世紀ビジョン」を策定し、特別措置を活用しながら北海道とは異なる独自の政策が進められることになった。そこからは、基地問題を契機に国の特別支援措置を実現し、それを有効に活用しながら、自前の地域政策を展開していくという独自の地域戦略の図式が読み取れる。

沖縄問題の多くは、基地問題とからめて中央対地方の対立の構図で語られることが多い。米軍基地の七割以上が沖縄に集中している現実から、そこから派生する多くの問題が、安全保障問題や歴史問題ともからめて幅広い視点から議論される機会が多いようだ。しかし、沖縄の人々にとって大切な沖縄問題とは、地域の特性を活かしながら、豊かで快適な生活を将来にわたって実現していくことだろう。その視点で沖縄の系譜をたどると、そこには、辺境の離島地域という地理的条件を克服しながら、着実に独自の歩みを進める沖縄の姿がある。それは国と地方の緊張関係をしっかり地域戦略へと結びつけていく地方の知恵であり、地域自立に向けた大切な営みでもある。ここでは、その系譜を追いながら、辺境の地域がハンディを乗り越えて生き抜いていく沖縄の姿と戦略を探っていくこととする。

二つの県民投票

二〇一九年二月、米軍普天間基地の移設計画に伴う名護市辺野古沖の埋め立て工事の賛否を問う沖縄県の県民投票が行われ、反対票が投票数の七割を超えた。辺野古沖の埋め立て工事の賛否について、「賛成」、「反対」、「どちらでもない」の三つの中から選ぶというもので、辺野古移設の是非という一点の施策に絞って民意を問うたものである。

七割を超える県民が反対という結果に対し、安倍総理は「結果を真摯に受け止め、これからも沖縄の基地負担の軽減に向けて全力で取り組んでいく」としながらも、「世界で最も危険な普天間基地が固定化され、危険なまま置き去りにされることは絶対に避けなければならない」

と、引き続き移設計画を着実に進めていくことを表明した。県民投票によって民意を明確に示し、あらためて国に移設の見直しを迫るという玉城デニー知事のねらいは外れたといえる。

沖縄における県民投票は過去にもあった。わが国では都道府県単位での住民投票はこれまで二度行われているが、いずれも沖縄県でテーマは基地問題である。しかし、二三年前の県民投票の様相は、今回とはかなり異なるものであった。県民投票という手法を、県民の意思を数で具体に示すことにより国の政策変更を迫る、という戦略として見た場合、二三年前の県民投票は功を奏したといえる。

一九九六年九月に実施された沖縄県における最初の県民投票は、「日米地位協定の見直し」と「基地の整理・縮小」に対する賛否をセットで県民に問うものであった。背景には、一九九五年九月にアメリカ海兵隊員による少女暴行事件が起こり、沖縄における米軍基地への反発が極めて大きくなったことがある。県民投票で、県民の多くが「基地の整理・縮小」を望んでいることを明確にし、日米両政府に基地問題の解決を迫る当時の大田知事の主張を強く支えるねらいがあった。結果は、賛成が投票総数の約八九%を占め、投票率は五九・五%で、賛成票は全有権者の半数を上回った。都道府県レベルでは初の住民による直接投票で、沖縄県民の「基地のない島」を願う意思を明確にしたことの意義は大きかった。

政府はこの結果について、「厳粛に受け止め、基地問題解決や沖縄振興策づくりに積極的に取り組む」(日本経済新聞一九九六年九月一〇日朝刊)とした。辺野古移設を問うた県民投票における安倍総理の発言とは対照的だ。大田知事は、記者会見で、「今回の投票で示された県民の意思を尊重し、基地問題の解決に向け引き続き努力していきたい」(同上)と、県民の意思を基盤により発言を強めていく姿勢を示している。県民投票に法的効力はないが、地方の意思を数字で明確に示すことで、政府に出来うることはしっかり遂行してもらう要求を突きつけ、地方主導の力関係を構築した意味は大きかった。それ以降、沖縄のみに適用される特別な地域振興政策が登場してくることになる。

一国二制度の実現

県民投票が実施された一九九六年九月には橋本総理が「沖縄問題についての総理談話」を出し、基地問題への対応とともに、沖縄振興に向けた特別な政策展開の方向が示された。同じ年に、政府内に官房長官、各省大臣と沖縄県知事が対等の立場で参加する沖縄政策協議会が設置され、この特別なスキームにより、沖縄独自の振興政策が急速に進んでいくこととなる。総理自らが、「沖縄県が地域経済として自立し、雇用が確保され、沖縄県民の生活の向上に資するよう、また、我が国経済社会の発展に寄与する地域として整備されるよう、与党の協力を得て全力を傾注していく」と発したメッセージの意義は大きいものがあった。

その後の沖縄振興については、沖縄特別振興対策調整費の創設をはじめ、一九九七年には航空機燃料税の軽減措置、九八年には経済地域制度としての情報通信産業地域制度や観光振興地域制度の特区が、さらに特別自由貿易地域制度や沖縄型特定免税店制度、高速道路料金引き下げというような、これまでは難しいといわれていた特別制度が一気に実現していく。これまでの公共事業予算の高率補助や一括計上システムといった、北海道と同じ仕組みの政策だった沖縄に対して、幅広い非公共分野におけるソフトな特別政策が展開され、いつのまにか沖縄と北海道では国による特別政策のかたちが大きく変わっていったのである。

このような、幅広い分野での特別措置の出現は、これまでのわが国の政策ではタブーとされてきた一国二制度が地域政策の分野では十分ありうることを示すものであり、それを実現させたことの意義は大きい。なぜ沖縄にだけこのような特別措置が展開されたのだろうか。それは橋本総理の談話にあるように、「今日まで沖縄県民が耐えてこられた苦しみと負担の大きさ」に由来する基地問題という特殊な事由によるものであろう。しかし、特殊な事由をかかえる地域は沖縄だけではない。しかも、沖縄においても、基地問題は七二年の返還時から存在したのだが、それを「特殊な問題」として顕在化させ、特別政策の実現へと結びつけていったプロセスを地域戦略として読み取っていくことが大切であろう。大田知事だけでなく、その後に続く知事たちは、それぞれ政治的な立場は異なっても、緊張感のある発信を続けて沖縄独自の措置を継続させてきたといえる。その文脈からは、中央に「したたかに」向き合いながら主体的な発展に備えていくという地方の精神を読み取ることができる。

復帰後の地域政策の系譜

ここで簡単に沖縄における地域振興政策の変遷を計画の系譜からながめておきたい。

一九七二年に復帰して以降の沖縄振興開発は、沖縄振興開発特別措置法のもとで一〇カ年計画である沖縄振興開発計画により進められてきた。第一次沖縄振興開発計画(一九七二―八一年度)時代は、格差是正と自立的発展の基礎条件の整備を目標に、立ち後れていた社会基盤整備が進められたが、産業振興の面ではニクソンショックやオイルショックなどが重なったこともあり、日本の高度成長の勢いを活かすことは出来なかった。第二次振興開発計画(一九八二―九一年度)は、公共投資の整備とともに、バブル景気の余波もあり一部リゾート開発の動きが出てきた時期であった。わたしはたまたま一九八七年から八八年にかけて沖縄開発庁長官と北海道開発庁長官を兼務する粕谷《かすや》茂国務大臣の秘書官を務めていた。大臣と一緒に沖縄に視察する機会もあった。当時は西銘《にしめ》順治知事の時代であったが、国と県とに対立の雰囲気はほとんどなく、良好な協調関係であった。また、沖縄と北海道は同種の特別措置が多く、特に公共投資政策の特例措置の修正変更などは、まず北海道で調整が行われ、それと同じかたちで沖縄に適用されるという、いわゆる横並び方式が定着していた。

先に述べたように、その関係が次の第三次振興開発計画(一九九二—〇一年度)の時代に、大きな転換を迎えることになる。沖縄県に革新政党が支持する大田県政が登場し、先述の米軍兵による事件を契機にして、一九九六年の沖縄政策協議会の設置や沖縄特別振興対策調整費の創設など、この時期から沖縄に対する特別措置が次々と実現していく。また、一九九六年には国際都市形成構想が策定される。沖縄県としては初となる独自の構想であるが、そこに掲げられたプロジェクトの多くは、その後の沖縄二一世紀ビジョンや新たな振興特別措置法へとつながっていく。

その後、省庁再編によって沖縄開発庁は廃止され、第四次に相当する沖縄振興計画(二〇〇二—一一年度)の策定は、内閣府が所管することになった。また、計画の名称も「開発」の文字をとり「振興計画」となった。新たに制定された沖縄振興特別措置法は、九〇年代後半から実現した各種の特別措置を取り込んだ制度設計となっており、特区や航空機燃料税の減免や特定免税店の創設などが導入され、「一国二制度」的な政策が特徴となっている。

復帰以降、沖縄県には独自の総合計画というものはなかった。しかし、二〇一二年度からの計画策定においては、まず沖縄県が「沖縄二一世紀ビジョン」を策定して県政運営の基本指針とし、それに基づく「沖縄二一世紀ビジョン基本計画」を沖縄振興特別措置法による計画として位置づけることにしたのである。それまでのいわば従の立場の位置づけから、主役となる政策転換である。しかも、形だけの変化ではなく、沖縄の辺境地域としてのハンディや利点も踏まえたより個性を活かした施策の絞り込みを行うとともに、アジアの活力を取り込みながら日本経済の再生に寄与するという国家的な役割を担うことを掲げた国策の視点も踏まえた計画となっている。

さらに、この時期の大きな変化は自由度の高い一括交付金が沖縄に創設されたことだ。民主党政権になって実現したものだが、二〇一二年度の予算額が一五七五億円で、うち約八〇〇億円がソフト関連予算として充当されることとなった。ソフト交付金と呼ばれるこの一括交付金は単独事業にも使用でき、地域の創意と工夫が自由に活かせる、地方にとって魅力的な制度で、これを国の財政当局が認めたことは戦後の補助金行政の系譜からは画期的ともいえる。

このように、復帰後の沖縄の振興政策を概観すると、基地問題を契機にした国との緊張関係のなかで、着実に特別措置を実現させながら、地域主体の政策形成の力を醸成していく道筋が見えてくる。

次にいくつかの具体的な施策を通して、この流れを見ていきたい。

観光産業の発展と特別措置

九〇年代以降、沖縄の経済発展を牽引している産業の一つが観光産業だ。亜熱帯・海洋性の気候風土や恵まれた自然環境、独特の文化や歴史などを活かして入域観光客数と域外からの観光消費は着実に増加してきている。入域観光客数については、一九七二年では四四万人であったが、国による特別政策が始まった直後の一九九八年には四〇〇万人を突破し、二〇一九年には一〇一六万人と飛躍的に伸びてきている。地域経済の自立に向けては外からの観光消費を増やしていくことが重要で、観光来訪者による消費額は、二〇一七年度に、六九七九億円となっている。これはかなり高い数字だ。北海道では観光経済効果調査によって道外からの来道者と外国人来道者による消費額を算出しているが、二〇一七年の調査では七九二五億円となっており、沖縄を一〇〇〇億円弱上回る程度だ。地域経済の規模では、北海道は沖縄の四・七倍(二〇一五年度の県内総生産の比較)で、北海道も観光地としては人気が高いことを考えると、沖縄が外から稼ぐ観光消費額がいかに大きいか分かる。

このように観光消費が飛躍的に伸びる大きな要因となったのは、沖縄政策協議会が設置されて九〇年代後半から始まった航空料金の低減に向けた特別措置の実現である。まず一九九七年七月に那覇と本土間の国内航空旅客機の航空機燃料税の軽減(国内旅客便)措置が始まり、他地域に比べて二分の一に軽減されたほか、着陸料の軽減(ターボジェットで六分の一)や航空施設利用料の軽減措置も併せて講じられた。さらに九九年七月には対象路線が拡充される。航空料金低減の影響は大きく、直後に羽田便が八便、福岡便が五便も一挙に増加するなど効果がすぐに現れた。また、那覇空港における着陸回数の推移を見ても九〇年代後半から急速に拡大してきていることがうかがえる。航行援助施設利用料の軽減措置も、長距離の就航路線が多い沖縄にとってはメリットが大きかった。施設利用料は飛行距離区分に応じた逓増的な料金設定となっており、長距離路線であればその効果が大きく、長距離の沖縄路線の新増設につながっていったのである。

沖縄にとっては、距離のハンディは時間よりも料金面でのハンディが大きかった。それが航空料金の低減措置によって軽減され、観光客と観光消費の増加に効果的に結びついたと思われる。一〇年程前にわたしは全国の地方空港と羽田空港の航空料金の格差を調査する機会があった。当時わたしは釧路に住んでいたが、距離単価で比較すると、沖縄・羽田便に比べて釧路・羽田便の方が、二・七倍と倍以上の格差があり驚いたことがある。それは、釧路が高いのではなく、沖縄だけが突出して安かったのである。

地域経済の自立的な発展に向けて重要なことは、外からしっかり稼ぐ移輸出型産業を基幹産業として育成していくことである。これまでは地方では製造業の誘致がその主な手段であったが、外貨を稼ぐという点では世界的なインバウンドの増加のなかで観光産業は有力な産業となりうる。先に見たように沖縄において観光産業は、すでに年間七〇〇〇億円近い外貨を稼ぐ基幹産業として成長している。県際収支(国における貿易収支に相当)は地域経済の自立のメルクマールであるが、沖縄県産業連関表(平成二三年表)による沖縄県の県際収支は九四一三億円であり、沖縄においては観光による県外からの収入が県際収支の赤字額改善に大きく寄与していることが分かる。

さらに、これらの航空料金に対する特別措置は、国内貨物航空機にも拡充適用され、その後の那覇空港の国際物流ハブ基地の実現につながっていく。二〇〇九年一〇月に那覇空港を物流ハブとする新たな国際物流経路が誕生した。半径四時間以内の航空圏にアジアのほとんどの主要都市が入るという地理的な条件に恵まれ、深夜便と早朝便を中心にした効率的な輸送体制による時間短縮で、飽和状態となっている成田空港を代替する国際物流拠点を目指している。辺境のハンディを利点に転換した地域戦略として注目される。

一括交付金

沖縄の観光政策を見ていると、他地域にはない詳細な現状調査分析や経済効果調査、きめの細かい施策が行われていることに気づく。これらの財源となっているのが自由度の高い一括交付金だ。沖縄県に対する一括交付金(沖縄振興特別推進交付金)は、二〇一二年度から沖縄県と沖縄県内の市町村において実施されているものである。もともと民主党政権下の地域主権戦略によって、国から地方への「ひも付き補助金」を廃止して新たに設けられた一括交付金(地域自主戦略交付金)を、その後自民党政権になっても沖縄のみ存続し、独自に拡大、展開してきているものだ。交付金には経常的な事業に向けられる特別推進交付金(ソフト交付金)と公共事業に係る公共投資交付金の二つがある。

ソフト交付金は、これまで約八〇〇億円の予算規模で交付されてきており、沖縄県と市町村は、おおよそ五：三の割合で配分されている。市町村分は県を通じて交付されており、対象事業は、事業計画に基づき、産業、雇用、教育、医療、情報、環境、離島振興など幅広い分野に充てられている。場合によっては、事務費や維持管理経費、基金の造成経費などにも使用が可能であり、自治体にとってはかなり使い道の広い交付金であると言える。ちなみに、二〇一六年度に予算措置された地方創生推進交付金は全国の地方自治体への交付額が年間一〇〇〇億円であったことからも、沖縄のソフト交付金の手厚さが分かる。

使途が広く自由度の高い交付金ではあるが、事後評価を厳しくし、問題があれば見直し、改善を図っていくという制度設計となっている。わたしは、ソフト交付金の実情について調べるため何回かヒアリング調査を行ったが、当初は、事後評価に耐えられる事業がどこまでできるか、担当者からは不安の声も聞かれた。しかし、その後実績を積み重ねていくなかで、改善を図りながら次第に効果的な執行がなされてきているように感じている。交付金の活用事業は、経済振興と交通、医療、子育てなどの社会環境整備の二つが大きな柱となっている。経済振興については、国際物流機能の強化や地場産品の流通改善など、地理条件の強みを活かしていく施策に重点が置かれている。注目されるのは一般の国の補助制度では目の届かない施策が多いことだ。社会環境についても、これまでの補助事業では対応が難しかった、子育て、福祉、離島振興などが実施されている。特に離島生活の交通の不便さを解消する事業は沖縄らしい施策で、住民からも喜ばれているという。一律に国の基準でしばるのではなく、思い切って地方自治体に任せることで、多様な発想による独自の施策が生まれてくることを実証している。このように、事後の評価に重点を置いて自由度の高さを保つ手法は、沖縄だけの特別政策ではなく、幅広い助成措置の手法として全国に広めていく必要があろう。

地方創生においても地方自治体側が最も期待したのは自由度の高い交付金であった。しかし、当初の地方創生交付金については、制約の多さや使い勝手の悪さからかなり不満が多かった（二〇一五年度の加速化交付金の使い勝手に関する北海道市町村担当者へのアンケート結果では、八九・四％が「制約が多く、使いづらい」と回答している）。「自由度の高さ」を政策の質の高さにつなげていくことは時間がかかるが、地方自治体の裁量に任せた上で、事後的に評価、検証していく手法が大切であることを沖縄の経験が示している。国の担当者は、「勝手に使われては困る」という気持ちから事前チェックが厳しくなるのだろうが、信頼して地方に任せる度量と決断が必要であろう。

沖縄二一世紀ビジョン

ここまで沖縄に対する特別な施策が出てきた背景についてながめてきた。沖縄のこの経験は特殊なケースとしてとらえるべきではないだろう。沖縄の経験から学ぶべきことは、基地問題を抱えながらも、時間をかけて独自の政策を模索しながら構築してきた地道な歩みの中にある。その大きな転機になったのは、二〇一〇年に沖縄県が策定した沖縄二一世紀ビジョンという沖縄独自の長期構想である。それまでの国主導の計画から、借りものではない自前の計画づくりへと何とか進めなければいけないということで、沖縄県が取り組んだのが沖縄二一世紀ビジョンの策定であった。県民の声をくみ取りながら、政策担当者だけでなく幅広い沖縄の人たちが自分たちの目指す方向と戦略を見出していったように見える。沖縄二一世紀ビジョンはその後二〇一二年に策定された第五次の沖縄振興計画の「沖縄二一世紀ビジョン基本計画」に継承されていく。

わたしは、二〇一一年、沖縄二一世紀ビジョンが策定された直後に、北海道大学の山崎幹根教授と一緒に沖縄県の川上好久総務部長(その後副知事、沖縄振興開発金融公庫理事長を歴任)から話を聞く機会があった。川上氏は直前まで企画部長で沖縄二一世紀ビジョン策定の責任者であった。川上氏は、まずこれまでの四〇年間の沖縄の振興政策について徹底的な検証作業を行い、そこから独自の特別政策の必要性を理論的に積み上げていくことを心がけたという。また、辺境の地にあることはマイナスばかりではなく、比較優位性のある分野もあるとして、そこを掘り下げていくこともしっかり心がけたという。そのようにして地方の比較優位を見つけ出し、そこに政策資源をつぎこんでいくメリハリのある計画づくりを目指したというのだ。わたしも北海道総合開発計画の策定経験もあることから、その姿勢には大いに共感を覚えた。

沖縄二一世紀ビジョンの策定作業を見ると、全国一律の政策が沖縄では必ずしも十分な効果を発揮していない理由について具体的に分析している。例えば製造業のウェイトの異なる沖縄においては、製造業を中心とした国によるエコカー減税などの政策効果は低いこと。コメを中心とした国の農業政策は、亜熱帯の沖縄農業では効果が少ないこと。人口構造が異なるため、少子化対策より待機児童解消などの児童福祉政策が急務であるなど、国の画一的な政策では効果がうまく発現しないことを実証している。また、辺境にある地理的条件を、経済力の台頭著しいアジア諸国に近接する優位な条件としてとらえ直している。離島については、東西一〇〇〇キロメートル、南北四〇〇キロメートルに及ぶ海域を支え、広大な排他的経済水域と資源を確保して国益に寄与しているとその役割を評価している。このような比較優位にある条件を再認識して地域の力へと置き換えていく姿勢が大切だ。

辺境のエネルギーを戦略に

その後も、山崎教授とともに川上氏との交流を続けてきている。二〇一二年には川上氏を招いて北大でセミナーを開催し、二〇二〇年には北大公共政策大学院の「北海道開発政策論」の講義に川上氏に特別ゲストで参加していただくことになっている。これは、沖縄の経験を北海道でも共有して、今後の地域政策の議論につなげていきたいという思いからでもある。

二〇一二年一〇月に山崎教授と一緒に北大で開催した「沖縄発・新たな地域政策の可能性」をテーマにしたセミナーには予想を超える参加者が集まった。川上氏の基調報告を受けて、北海道の行政担当者も交え、南北の辺境の地域同士で中央を抜きに議論するという進行に、会場は大いに盛り上がった。「辺境には予想以上に比較優位な資源がある」「大切なのはそれを見つけ出す力だ。そこでは柔軟な発想と足下の地域の情報収集と分析力が鍵となる」「南北の直接交流の政策検討の場を」と活発なセミナーとなった。わたしは、議論のコーディネーター役を務めたが、「中央の物差しにこだわらない議論から、地方の異質の魅力を探りだすことができる。そこに辺境の地の活性化に向けた施策のヒントが得られることを確信した」と締めくくった。

沖縄の取り組みは、ややもすれば国と沖縄の対立の図式で見られがちだが、それだけではない複層的な側面がある。辺境の地がそのハンディを克服し、優位性を活かしながら自立して生き抜いていくためには、より戦略的な思考が求められる。そのためには、中央との緊張関係をエネルギーとしながら、独自の政策を構築していく気概と、借り物ではない自前の知恵と手法が必要だということを沖縄の経験が示している。

三　中央アジアの試練——辺境が輝くために

わたしは中央アジア諸国において地域開発分野での経済協力活動を二〇年近く続けてきている。中央アジア諸国は一九九一年に旧ソ連から独立し、社会主義から自由主義経済への移行を進めながら経済発展を目指している。通常の途上国支援とは異なり、計画経済システムから市場経済に転換していくプロセスに対する支援という、難しいテーマを含む活動である。

また、もう一つの難しさは、大きな消費市場からの距離の大きさである。例えば、ウズベキスタンは隣接する国々すべてが海に面していない、ダブル・ロックド・カントリーと呼ばれている。海岸港から隔絶された地理的条件は、大量の物資輸送の面では大きなハンディとなって

おり、そこに経済発展政策の難しさがあった。まさに地球規模での辺境の地なのだ。

さらに、中央アジア諸国の独立はソ連崩壊に伴う受け身の独立であったことから、政治、経済の分野でソ連時代のメンバーがほとんどそのまま職を継承した。そこから思考の大胆な変革を求めることは難しく、特に社会主義経済下での地方が中央に頼る思考は根強く残っていた。地方主導の地域政策を構築していくことには高い壁があった。

しかしながら、独立から三〇年近く経過し、少しずつだが変化が出てきている。市場経済への慣れとともに、独裁的なリーダーの交代などもあり、欧州とアジアを結ぶ拠点として役割を担う動きが出てきている。また、中国の一帯一路の動きなどにより、周辺国との連携や、それを支えるインフラ整備など、新しいシルクロードの復活を予感させる動きもある。辺境であった中央アジアの地が、再び交通の要衝として輝きを見せ始めているともいえる。歴史をたどればシルクロードの交易時代には、中央アジアが広域拠点として栄えた時代があった。

ここでは、市場経済化を目指しながら辺境のハンディを乗り越えていく中央アジアの姿を、わたしの経済協力活動の経験を通して見ていく。

計画経済から市場経済へ

最初にわたしと中央アジアの国々との関わりについて紹介しておきたい。最初のきっかけとなったのは、中央アジア諸国五カ国の行政官を対象にしたＪＩＣＡによる地域開発部門の研修事業の立ち上げに関わったことだった。当時は、橋本総理がシルクロード外交に力を入れて、中央アジアに対する日本の支援が強化されていた時期であった。北海道では、ＪＩＣＡによる技術協力事業として、北海道開発庁の協力により九〇年代初めから北海道開発の政策経験を伝える地域開発政策研修事業が実施されていたが、一九九六年度からは、中央アジア五カ国もその対象になった。わたしは、その研修業務を担当していた縁で、二〇〇〇年にウズベキスタンに呼ばれることになった。

ちょうどその時期に、ＪＩＣＡは、ウズベキスタンにおける市場経済化に向けた支援活動として、「重要政策中枢支援協力」事業を実施していた。首都タシケントにある国家社会建設アカデミーで、今後国の政策づくりを担う幹部を対象に、いわば市場経済化に向けた再教育のプログラムを実施していたのである。日本の行政制度、経済政策、産業政策、企業経営などについて、日本の専門家が分担して集中講義のかたちで実施していたのだが、「地域開発政策」の部門を担当してほしいという要請があった。わたしはすでに大学に転じており、シルクロードの地への関心もあったので引き受けたが、当時はまさかその後今日に至るまで二〇年以上にわたって、中央アジアに関わることになるとは想像もしていなかった。

二〇〇〇年初頭に、国家社会建設アカデミーで、地域開発政策、特に工業開発、農業開発などについて北海道開発を事例にしながら集中講義を行った。講義の間には、ウズベキスタン政府で地域開発部門を所管するマクロ経済統計省の職員との意見交換や、これまで北海道で研修に参加した同窓生との交流の機会などを持ったが、彼らとの会話の中で気になることがあった。彼らの口から、経済発展に成功した日本のノウハウを是非教えてほしい、我々にも処方箋を書いてほしいという趣旨の発言が何回も出てくるのだ。まるで我々日本人が魔法の秘薬を持っているかのような問いかけに、正直困惑する機会が多くあった。当時の日本は、戦後の奇跡的な経済成長を果たしたアジアの経済大国であり、信奉に近い期待があったのであろうが、あまりにも気楽な依頼に驚いた。しかし、次第にその理由が七〇年以上続いた計画経済時代からの中央依存の思考スタイルに起因していることに気がついてきた。何か困ったことがあればモスクワに相談し、そこからの指示を待てばいいという思考が長く続いてきたのだ。独立後も幹部メンバーはほとんどソ連時代のままであったことから、その意識から脱却する機会のないままに時間が経過していたのだ。このような国に経済協力をするためには、どのような経験をどのように伝え、どのような助言をしていけばいいのか。中央アジア諸国への支援協力の難しさを感じた最初の経験であった。

ところで、「重要政策中枢支援協力」事業では、講義受講生のなかで二名の成績優秀者が希望の国や地域で研修ができる制度があった。たまたまわたしの講義を聞いたことがきっかけでその年度の二名はいずれも日本の北海道での研修を希望した。当時わたしが釧路公立大学にいたことから、北海道東部を中心に農業生産、製造業の現場や、インフラ整備の状況など幅広い現場を見せたが、釧路港を見たときの彼らの驚きは忘れることができない。もちろん、初めて海を見たことや、船に乗った感激も大きかったのだろうが、それよりも彼らが関心を持ったのは、港で船から積み降ろしされる物資の姿であった。資源のない日本が加工貿易による驚異の戦後復興を成し遂げた背景に、強力な海運輸送とそれを支える港などの物流基盤整備があったことを知ったのだ。彼らは、港だけでなく幅広いインフラ整備が政府によって先行的に計画整備されていることにも強い関心を抱いた。国土総合開発計画による長期的な視野でのインフラ整備が戦後の日本の高度成長を支えた事実は、彼らにとってはソ連統治時代の計画経済がすべて否定されるものではないと映ったのだ。市場経済の下でも自分たちの経験を活かせる可能性があることを知った喜びは大きかった。

アラル海の悲劇

その後、わたしはウズベキスタンのホレズム州など地方部での支援活動を続けたが、二〇〇三年九月にカラカルパキスタン自治共和国(ウズベキスタン共和国内にある共和国)のアラル海沿いにある地方都市ムイナックを訪れた。九月とはいっても昼間は四〇度を超す気温で、砂漠の中にいるような猛暑であった。もともとムイナックは、アラル海の海岸に位置するウズベキスタン唯一の港湾都市であり、漁業基地として栄え、多くの缶詰工場が操業していたが、今ではアラル海の急速な縮小により海岸線はまったく見えない。周辺は塩分で白くなった荒涼たる砂地がはるか彼方まで広がっており、港湾都市で栄えた面影はどこにも残っていなかった。唯一漁業の街であったことを示すのは、海の墓場と呼ばれる、朽ち果てて放置された漁船の無残な姿であった。

アラル海の消滅は「二〇世紀最大の環境破壊」と呼ばれている。かつて世界四位の規模だった湖水面積は約半世紀で一〇分の一まで縮小した。なぜアラル海は急に消滅していったのだろうか。旧ソ連時代に行われた総合開発の視点を欠いたモノカルチャーの流域開発が、アラル海の消滅という地球上の悲劇をもたらしたといわれている。一九六〇年代、ソ連政府はアラル海にそそぐアムダリア川とシルダリア川流域を綿花生産に向けた農業地帯として開発するため、大規模な灌漑事業を進めていった。乾燥地帯である中央アジアは綿花生産に適した地域であり、綿花生産には多量の用水確保が必要であったのである。背景には、ソ連共和国内の分業生産体制があり、アラル海に流入する河川流域は綿花を専用に栽培する役割を担うことになった。その結果、アラル海に到達するまで行われた灌漑用水の過剰取水により、アラル海の水位は急速に低下した。一方で、広大な計画的農業開発事業によって、すでに灌漑用水を利用した綿花生産が流域一体の経済、生活を支えており、安定した農村社会が形成されてきている。ウズベキスタン全体で就業者の四割近くが農業に従事している。そのため、アラル海の消滅を食い止めるために、基幹産業の灌漑農業を廃止するという選択肢はないのが現状である。そこにアラル海問題の難しさがある。
以前、釧路湿原に関するフォーラムで、日本人で初めてスペースシャトルに搭乗した宇宙飛行士の毛利衛氏と一緒になる機会があった。討論でたまたまわたしがアラル海の話題を出したときに、毛利氏はスペースシャトルの活動としても、アラル海の観測は重要な業務として継続的に実施されてきたことを教えてくれた。湖水面積が急速に縮小しているアラル海の問題に我々はどのように向き合い、その経験を次世代につないでいくべきか。地球環境問題を考える上での世界的なテーマでもある。

わたしがムイナックを訪れたのは、ウズベキスタンにおける地方部の総合開発可能性についての調査の一環であった。ウズベキスタンのＪＩＣＡ事務所からも、カラカルパキスタンのアラル海周辺地域について、疲弊した地域の再生をどのように支援していけばいいのか、一度現地調査をしてほしいという依頼を受けていた。アラル海沿いにあるムイナックを拠点に現地調査を行ったが、ムイナック市役所で、アラル海の消滅状況や国連のアラル海救済基金による活動などについて説明を受けた。アラル海の干上がった湖底は、塩分が表面に出て砂漠化している。塩分に強いサクサウールなどの植物を植林して植生を回復し、塩の飛散や砂嵐を抑えようという試みがフランスなどの支援でなされていると聞き、現場を見たが、一部の実験的なレベルでしかなく、抜本的な再生にはほど遠い状況であった。驚いたのは、乳幼児の死亡率の極端な高さであった。保健医療担当者の説明によると、乾燥で表面に析出した塩分や農業に使用した化学肥料などに汚染された土壌が砂嵐で巻き上げられ、飲料水も汚染され、住民の健康をむしばんでいるという。現地調査を進めていくうちに、この地域の抱える問題が環境問題にとどまらず、経済、社会などさまざまな問題も絡んでいて、解決に向けては多次元方程式を解かねばならない、極めて難しい応用問題であることをあらためて思い知らされた。

自然再生と地域再生

わたしのミッションは、地域の経済再生に向けた可能性を探ることであった。しかし、主要産業の漁業資源が枯渇し、関連の缶詰などの食品加工産業までが衰退している状況で、どのように地域を支える所得と雇用の機会を創出していくことが出来るのかは難問である。カラカルパキスタンはウズベキスタンの中でも辺境の地で、物流面でもハンディがあり、めぼしい観光資源もない。乾燥地帯であるので農業生産も難しい。鉱物資源としては周辺に天然ガスがある程度で、大きな雇用は生み出せない。

現地の缶詰工場を調査したとき、工場がアラル海漁業で活況を呈していた頃の写真や資料を目にした。缶詰生産の最盛期は、旧ソ連全域に大きな販路を持っていたことが分かった。地理的には隔絶されていたが、外部にしっかりとマーケットを確保して外から稼げる強い経済構造を持っていたのである。昔は魚の養殖をしていたという施設を訪れたときに、地元の漁業協同組合の幹部や漁師の人たちと話をする機会があった。「漁師は漁師で生まれて漁師で死ぬ。漁師に牧畜や農業はできない」と漁業に対する強い思い入れが伝わってきた。アラル海は枯渇しても、漁業生産、関連産業で培われてきたノウハウ、人材はしっかり生きている。地域を支えてきた誇りは大切な財産だ。地域再生に向けての秘薬はない。このようなソフトな資源、財産を活かしながら、地域の経済再生に向けて歩んでいくことが大切である。アラル海を復元することは難しいが、アラル海の資源を活かして生き抜いてきた人々の経験と知恵があれば、新たなかたちで再生していくことができると思った。

その後、カザフスタン側にある北部のアラル海(小アラル)で漁業復活の動きが出ていることを聞いた。シルダリア川が注ぐ河口にコクアラルダムが二〇〇五年に完成したのだが、それによって水深が回復して、漁業生産がかなり回復しているという。ウズベキスタン側でも、アラル海はほぼ消滅したが、小さな池は残っており堰の修復などにより養殖の可能性は十分ある。もともとアラル海周辺地域の主要産業は水産業であり、食品加工産業であった。小アラル地域とも連携しながら地道ながらも安定した資源管理による水産関連産業の復活を目指していくという地域再生の道筋が見えてきたようだ。資源管理型の持続的な漁業は日本各地でも進められており、技術協力で支援していくこともできる。難題に応える支援の可能性を見出して少しホッとした。

二〇世紀最大の環境破壊といわれるアラル海の悲劇がなぜ生まれたのか。それは地域の生態系を無視した旧ソ連時代の中央主導のモノカルチャーの経済政策によってもたらされたものだ。その悲劇を我々は教訓としてどのように受けとめていけばいいのだろうか。アラル海の消滅は、中央の論理を地方に強引に押しつけることで生まれた悲劇でもある。それを避けるためには、地域の持続的な成長、発展に向けてできる限り地方を熟知した主体が計画をつくり、地方が責任を持って進めていく分権的な仕組みが必要であろう。

もう一つは、「生命体としての地域」の視点である。地域の成長、発展に向けた政策を考えていく上で、生態系への配慮を欠いてはいけない。そこでは、経済活動や生活行動だけでなく、生態系の広がりで政策を考えていくことが大切だ。生態系は、国や都道府県、市町村などの人間がつくった行政区域とは一致しない。人間の活動と自然との関係を考えると河川水系は、生態系と調和する重要な広がりである。水系や河川流域の広がりで生態系を考え、地域が主体となって持続的な発展に向けた戦略を構築していくことの大切さをアラル海の悲劇から学び、その教訓を次世代につないでいくことが必要であろう。

イシククリ湖周辺地域の開発

わたしにとって中央アジアでの活動で最も深く関わったのがキルギスのイシククリ湖周辺の開発政策への支援活動だ。中央アジアのキルギス北部にあるイシククリ湖は、旧ソ連時代には外国人は立ち入ることが許されない「幻の湖」であった。天山山脈の氷河を抱いた七〇〇〇メートル級の山々の銀嶺に囲まれた湖で、その透明度はシベリアのバイカル湖に次ぐといわれるほどで、湖面は吸い込まれるように青い。広さは、琵琶湖の約九倍と広く、キルギスの人々にとっては「自分たちの海」という存在でもある。標高一六〇〇メートルにある高山湖でありながら不凍湖であり、湖中には先住民族の集落跡が眠っているなど、深い神秘性を持った湖であり、シルクロードに強い関心を持った作家、井上靖が訪れることが叶わなかった地でもある。旧ソ連時代には、政府高官の別荘地、保養地として高い人気を誇った。今でもその名残はあり、湖畔にはプーチン・ロシア大統領の別荘もある。

このイシククリ湖を中心とする地域の開発振興については、二〇〇〇年の当初から、日本政府の支援によるＪＩＣＡ事業が継続的に進められている。ソフトな政策支援が中心であるが、手法は時代とともに変化してきている。当初は、美しい貴重な自然環境に配慮しながら観光産業を核に持続可能な発展を目指すことを目的に、本格的な地域総合開発計画の策定を行った。残念ながら、策定直後にキルギス国内の政変によって計画は凍結されてしまったが、その後わが国の一村一品運動の経験を活かす技術支援事業が展開された。その結果、イシククリ湖畔に一村一品に取り組む住民事業者が次第に増え、今ではわが国の一村一品支援事業のモデルとして高い評価を受けている。一村一品の担い手の中に、地域総合開発計画策定時のワークショップに参加していた住民を発見して驚いたことがある。計画策定時に醸成された住民の力が、時間を経て花咲いていたのだ。

わたしは、二〇〇〇年当初のイシククリ地域総合開発調査事業の準備段階から、ＪＩＣＡ専門家として参加し、総合開発調査事業が本格的に展開されて以降は、プロジェクト全体の推進監理に当たる支援委員長の立場で関わるとともに、その後の一村一品支援事業では事業評価の調査団に専門家で参加した。二〇年間にわたる中央アジアの秘境の湖水地域で展開されたわが国の支援事業を振り返りながら、辺境の地における地域の成長発展の意味を考えてみたい。

不幸なできごと

二〇世紀終わりにキルギスでは、日本との関係で不幸なできごとが続いていた。一九九八年には、国連政務官であった秋野豊氏がキルギス国境に近いタジキスタンで殺害される事件があり、翌九九年にはキルギス国内でＪＩＣＡの専門家が人質に取られる事件が発生した。これらの事件により、キルギスに対する日本の支援活動は大幅に削減されることになった。経済協力活動は首都ビシュケクに限定され、地方部における展開は自粛された。しかし、経済協力活動に携わる人たちは、経済の沈滞と貧困が大きな課題となっている地方部における支援活動を何とか再開していきたいという気持ちが強かった。

そのようなときに、観光開発の面で最もポテンシャルの高いイシククリ州をモデルとして総合的な発展を目指す総合開発計画の策定について、気候風土が近い北海道の経験を活かして日本の支援を実施できないかという相談がＪＩＣＡの担当者からわたしにあった。わたしにとっては、北海道開発政策の経験を活かして、中央アジアへの支援協力ができるチャンスであり、協力することを約束した。その後二〇〇二年に、ＪＩＣＡは、イシククリ地域の現状とどのようなプロジェクトを展開すればいいのかを調査するために「キルギス共和国地方開発プロジェクト形成調査団」の派遣を決めたが、それにわたしも参加することになった。

イシククリ湖畔は、旧ソ連時代に共産党幹部の高級保養地であり、その当時もサナトリウムと呼ばれる保養、休養施設が残っていたが、その多くはすでに老朽化していた。しかしながら、サナトリウムには温泉、泥、電気による治療機械や室内プールが備わっており、専門の医師、看護師による療養プログラムに沿って療養と保養を行う療養型リゾートであり、発展可能性は十分あることも分かった。最大の問題は、すでに二〇年以上前の旧ソ連時代に作成された「イシククリ州リゾート・観光地域開発計画」があるものの、その開発計画が、中央政府主導の期待値羅列型の計画で、ニーズ調査、マーケティングなどの視点や、自然環境の保全についての配慮にも欠けていることであった。さらに、その当時キルギスでは、国家の経済低迷もあり、緊急的に収入を得るために土地の私有化、民営化が進んでおり、イシククリ湖畔においても乱開発が懸念される動きも確認された。早急に自然保護に十分配慮した計画的な土地利用の基本的な指針を示す必要があることから、調査団としては、この地域に対する総合的な地域開発計画の策定に対する協力が急務である旨の報告を行った。

イシククリ地域総合開発調査事業

帰国後、イシククリ地域総合開発計画調査の具体化に向けて準備が進められ、二〇〇三年七月には、調査事業を円滑に進めていくために事前調査団が派遣され、わたしも引き続き専門家として参加した。この調査は本格調査に入るためのキルギス政府の全面的な協力の確認を得ることが目的であり、最終日には当時のタナーエフ首相と会談を行った。そこで首相から、イシククリ地域総合開発計画については、中央アジアにおける地域総合開発計画策定の先駆的モデルとなる可能性が高いことから、首相自らが調整推進会議の議長を務め、幅広い関係省庁の調整を担っていくという前向きな回答を得ることができた。「政府部内の総合調整機能の強化に向けての体制づくり」は、日本側が強く求めていた事項であり、首相自らの決断が得られたことで、本格的な計画作業体制に向けて早急に準備が進められた。

その後、開発計画策定及び地図作成のためのコンサルタントメンバーによる現地調査団が編成され、二〇〇三年一一月に第一回のイシククリ地域総合開発調査作業監理委員会がＪＩＣＡで開催された。わたしは、作業監理委員会(その後国内支援委員会)の委員長を務めることになり本プロジェクトについて総括的な立場で監理していくこととなった。委員会開催後すぐに、キルギス政府側に対してインセプション・レポート(調査開始時に作成される調査の基本計画)を説明するためキルギスに赴いた。首相の意向で設置された閣僚級の調整推進会議の第一回会議が開催され、日本側からインセプション・レポートの説明を行ったが、その冒頭わたしは、タナーエフ首相に総合開発の意義は各政府部門の連携にあるため、各閣僚の全面的な協力が不可欠であることを要請した。

それ以降、コンサルタントによる現地調査団によって計画策定作業が精力的に進められていった。作業監理委員会で議論されたのは、思い切った住民参加の手法を取り入れることであった。コミュニティの活性化を軸にした、いわば下からの地域活性化戦略である。計画経済に慣れ親しんだ中央アジアでは、国から与えられた総合計画ではリスクがある。手間はかかっても、思い切って、村落コミュニティという単位で、住民同士の連携によって地域づくりへ挑戦していくプロセスを共有することで、生きた計画づくりを目指していく手法を採ったのである。そこでは、計画策定時の住民参加だけでなく、一村一品や道の駅など、日本で実践経験のある事業手法も取り入れる工夫もした。これが後で花を咲かせることになる。

二〇〇四年七月には、本プロジェクトのキルギス側の担当となる政府機関の幹部を日本に招いて研修を行う機会も設けた。彼らに是非、実際に北海道開発の現状を見てもらおうと、釧路地域を主体に研修プログラムを組んだが、参加した幹部は、北海道、特に道東地域がキルギスに非常に似通った自然景観、雰囲気を持っていることに驚いていた。特に、根釧地域の酪農開発が戦後世界銀行のODA資金により進められたという説明には、キルギスも頑張れば支援を受ける国から日本のような先進国になれる、という思いを強く抱いたようであった。阿寒湖畔地域で進められている、住民主体の観光マスタープランづくりについては、イシククリ地域の総合計画を重ね合わせ、住民や民間人が積極的にまちづくりに参加していることに驚嘆するとともに、やっと住民参加の意味を理解できたようであった。このような経過を経て、二〇〇四年一二月に、イシククリ地域総合開発計画がキルギス側に提出されたのである。

住民の力で根づく一村一品

しかし、翌年三月に突然、アカーエフ大統領が国外に脱出というニュースが飛び込んできた。チューリップ革命と呼ばれる政変が起きたのである。結果的に、新しい大統領の下でイシククリ地域総合開発計画は凍結されることになった。残念な結果だが、イシククリ地域の観光地としての魅力は高く、その開発を総合的に計画的に進めていくことの意義は変わらないので、いつか計画の精神が根づいていく機会が出てくることを期待していた。

その後しばらくして、その願いが現実になり、実際に目にする機会ができた。二〇一一年からイシククリ湖畔地域で、JICAによりわが国の一村一品政策の経験を生かす支援事業が展開されていたが、わたしは、たまたまその事業評価を行うための調査団の一員として二〇一三年の夏にイシククリを訪れたのである。イシククリ湖畔の村落では、ジャムやはちみつなどの食加工品、羊毛素材からのフェルト製品の生産など、幅広い地場産品づくりの取り組みが行われてきており、一部は海外に向けての販売も始まっていた。州都のカラコルではその活動の主体となる一村一品協会が組織され、九〇を超えるコミュニティ単位の活動団体が参加して、日本人専門家の指導の下、着実に販売を伸ばすとともに、生産者の数も急速に拡大していた。滞在中にカラコルに生産者が集まってくれ、彼らの口から、単に売り上げを伸ばすだけでなく、地域全体の活力を高めていくことが大切という言葉を聞いたときには、日本の一村一品運動の精神がしっかり伝えられていることに感心した。さらに、参加者の中には地域総合開発計画策定時にワークショップに参加した住民もおり、手間はかかったが徹底した住民参加の手法を取り入れて、コミュニティのレベルから積み上げて計画を策定したことが住民の意欲を醸成することになったのだと感慨深かった。

この事業には、日本の良品計画も協力しており、フェルト製品の発注をしている。地元にとってイシククリ製品を日本に発信する絶好の機会となっている。しかし、良品計画の注文に耐えられる製品づくりはできているのか。湖畔南部にあるアクサイという集落のフェルト製作現場を訪れると、大変真剣な仕事ぶりで「日本企業の注文は厳しいが、それに応える創意工夫をする努力が技術の向上に役に立っている」という答えが返ってきた。キルギスにおける最大の外貨収入は出稼ぎ労働者の仕送りだ。収入が増え、地域の雇用機会が増えることは家族が一緒に住めることにつながる。また、担い手の多くは女性である。家庭に閉じ込められていた女性が主体的に活動できる場を持ったことの喜びが、良質な製品づくりを支える大きな力になっていたのだ。

タシケントプロジェクト

二〇一七年一月にウズベキスタンを久しぶりに訪問した。それまでわたしの中央アジアの活動は政府の海外経済協力事業による、いわゆるODAとしての支援活動であったが、そのときはこれまでとは異なり、ウズベキスタンの民間企業からの依頼によるものであった。要請の内容は、ウズベキスタンの山岳リゾート開発プロジェクトについて、特に冬場のスキーリゾートとしての開発可能性を探るとともに、今後の展開に向けてのアドバイスをしてほしいというものであった。きっかけは、プロジェクトを進めようとしているウズベキスタンの関係者が二〇一五年に北海道を訪ねて、ニセコ地域のリゾート開発への関心を持ったことである。わたしがニセコ地域のまちづくりに関わっており、他方で長く中央アジア諸国で地域の開発政策に関わってきたことから依頼があったものだ。

わたしに招待状を送ってきたのは、「アンシャー」という民間投資会社社長のラスレフ氏である。三〇年前の独立直後に財務省事務次官を務めたという最短出世の経歴を持ち、その後政府内で証券改革などの責任者を経て、四〇歳になる前に自ら民間投資会社を起こした人物である。ウズベキスタンでは異色のキャリアともいえる。これまでは、石油、天然ガスのエネルギーや鉱物資源の開発プロジェクトなどの投資コーディネートを手掛けていたが、今後の企業戦略として、インバウンドをにらんだ観光リゾート開発に関心を持ち、山岳リゾートプロジェクトの可能性に着目して、スイスやフランスの山岳リゾートの勉強をしていたそうだ。たまたま二〇一五年に北海道を訪問する機会があり、特にニセコ地域の開発を見て感激したことで、日本からの支援を得ながら進めていくことを考えるようになったという。

リゾート開発プロジェクトの対象地域は、首都タシケントから九〇キロメートル離れた広大な山岳地域である。すでにタシケント市民にとっては、夏場はチョルボク湖畔の避暑滞在、冬場はチムガン地区やベルスドイ地区のスキーなど、都市近郊型のリゾート地として知られているが、ラスレフ氏は、この地域を世界的な山岳リゾート地域に開発したいと考えていた。わたしはスキーリゾート地としての可能性を見極めるためには専門家の同行が必要だと判断して、倶知安《くっちゃん》町議会議員で、ニセコ地域のスキー事情に詳しく元モーグル選手でもある田中義人氏に同行を依頼した。さらに札幌市在住のウズベキスタン人であるハタム氏にも参加してもらい三名で訪問した。

滞在前半は現地の実地調査を行った。冬季であることから、スキー場としての可能性を探ることが中心であった。わたしも久しぶりにスキーで滑降しながら現地を調査したが、雪質の良さと広大な美しい山岳の景観には正直驚かされた。同行した田中氏はスキー選手として世界のスキーリゾートに詳しいが、安定したパウダースノーの雪質や広大なバックカントリースキー場としての可能性、さらに晴天率が高いことに感心していた。一方で、インフラが老朽化しており、特にスキーリフトなどの施設は旧ソ連時代のものが多く、抜本的な改良、整備が必要であった。また、駐車機能の強化や公共交通の整備などの課題もあり、さらに安全面での管理体制や医療機能との連携体制なども不十分で、少なからぬ課題が見受けられた。

しかしながら、タシケント都市圏でも三五〇万人規模の国内市場があり、安定的な需要が見込めることから、段階的に整備を進めながらインバウンド需要を拡大していく戦略は十分可能である。また欧州とアジアの中間に位置するタシケント空港には、ハブ空港としての潜在的な可能性もあり、長期的には優位な条件となろう。こうしたポイントについては、滞在中に関係者に対して調査レポートをまとめて提言を行った。

その後、このスキーリゾートプロジェクトは、フランス資本の会社がデベロッパーとなって事業に着手したという情報が入ってきた。投資が決まった背景には、将来中央アジアが果たす、欧州とアジア、さらに成長著しいインドをつなぐ世界のクロスロードとしての役割への期待があるという。タシケントがそのハブ空港としての機能を担うことで、国内外のリゾート需要を見込めるという判断だ。中央アジア地域は、現在中国の一帯一路の動きなどにより、地勢的な役割は大きく変化する可能性がある。

わたしにとって中央アジアでの活動は、中央主導の計画経済で疲弊した地方部が、次第に中央に頼ることなく地域の潜在力に眼を向けて成長していく姿を追いかけていく旅でもあった。ハンディのある辺境が中央に依存することなく自立していくのは難しい。しかも七〇年以上も続いた計画経済下での中央依存の思考スタイルを脱却するのは至難の技でもある。しかし、住民一人ひとりがモチベーション（意欲）を持って取り組む機運が醸成されれば次第に変化が生まれることも実感した。それこそ地方の力であり、醍醐味でもある。

イシククリ湖畔で会った農家の女性が、地元産の珍しい果実を使った自家製のジャムを持っ

ウズベキスタンの世界遺産都市ヒヴァにて.

てきて、これを日本で売るためにはどうすればいいかと真剣に聞いてきたことがある。地元の生産物を使い、さらに加工、流通を地域内でまかなえば域内循環による好循環を生み出し、地域の強い活力を生み出すというトータルな地域戦略思考がいつのまにか自然に身についていることに驚いた。「住民の真剣なやる気」が、秘境の湖畔の地を国際的な療養保養リゾート地域に変える日が来るかもしれない。

中央アジアは、わが国にとっては物理的な距離の割には比較的遠い国であったが、最近になって旧ソ連時代から政治を牽引していたトップが交代する動きが出てきている。ダブル・ロックド・カントリーと呼ばれた陸の孤島の辺境が、欧州・アジア交流の中心地として輝くことも夢ではないだろう。

第3章
共生の思想
独占と排除を超えて

七井戸の小道　ストックホルム市郊外のスクーグスチルコゴーデン（森林の墓地）に礼拝堂につながる小道がある．緻密に設計された死者と生者をつなぐ「永遠のコモンズ」への道だ．

人口減少、高齢化が進む時代において、多様な価値観を認め合う社会の形成に向けた考察を進めていくためには、「共生」の概念は重要である。最近は公共政策の分野、特に福祉政策の分野で、「共生型」「共生社会」といったように共生の名称を付した政策が多く出てくるようになった。この背景には、ハンディを持った人々や高齢者の社会参加を促し、地域全体で相互に支え合う仕組みを求める動きがある。

欧州の地域政策の研究者と議論していると、社会的包摂(ソーシャル・インクルージョン)という考え方が、都市政策の分野でも重視されてきているという。社会政策で使われてきた言葉だが、目指す方向は共生と近い。人口減少、高齢化時代において、限られた資源、労働力で社会を支えていかなければならない。また、わが国では働き手不足から外国人労働者を受け入れる動きが出てきており、そこでも異なる生活文化を持った人たちとの共生が新たな課題になってきている。

さらに、わが国では、大規模な自然災害に向き合うために、特に東日本大震災以降、公助、自助に加えて共助という言葉が使われる機会が多くなってきた。災害に見舞われた緊急時には、行政に頼ることには限界があり、自力で立ち向かえない場面では、共助の仕組みが大きな力を発揮する。災害時ばかりでなく、「困ったからといって政府がすべてを助けてくれる時代ではない」という、安易な公依存からの脱却が必要だという意識変化が背景にある。また、市場原理に任せれば大丈夫という、民間神話への不安もあるようだ。そこから、公でも民でもない別の軸への模索が生まれ、お互いに力を合わせて共生の道を開いていくことへの機運と期待が生まれてきているように感じる。その模索や期待は、政府に頼るか、市場原理による民の力を活かすかという二者選択の思考を超えた、いわば第三の道としての「共」の原理を探る道といえるだろう。

共生の思想については、これまでも多くの研究者が考察を重ねている。経済学では、地域主義を唱えた玉野井芳郎氏が、市場原理を至上とする風潮に地域が立ち向かっていく大切な思想概念として、「共」の概念を位置づけていた。建築、都市計画の分野では、黒川紀章氏が対立を超えた共生関係による中間的領域の大切さを「共生の思想」として提起した。さらに、鶴見和子氏らの内発的発展論の潮流がある。これは、経済成長優先型の発展に替わるべき「もう一つの発展」方策を模索し、地域固有の経済社会の歴史・構造に即して自らの価値観で発展論を構築していこうという動きで、そこでは共生思想を重視している。また、宇沢弘文氏が提起した「社会的共通資本」という概念は、自然環境、社会的インフラストラクチャー、制度資本まで含む広範なものであるが、資本主義と社会主義の対立を超えた制度主義の考えを具体的なかたちとして社会的共通資本として提起したもので、「共」概念で思考していくことの意義について大きな影響を与えた。

わたしのこれまでの調査研究においては、いかに地域の限られた資源を有効に活かし、その潜在力を発揮していくかが、重要なテーマだった。しかし現実には、それらを阻む、排他、独占の思考、仕組みが、成長、発展の妨げになっていることも痛感させられてきた。一方で、それを打破し、超えていく知恵もしっかり醸成されてきていることも現実に見てきた。このような地方にしっかり根づいてきたたくましい共生の思想こそ、地方の論理としてこれからの時代に広く浸透させていく必要があると考えている。

そのような問題意識から、ここでは、地域が主体的に、限られた資源を有効に活用して創造的に発展していくための社会システムのあり方について、共生の思想の観点から考えていきたい。特にコモンズについては、共生の思想を実際の地域社会のシステムとして展開していくために重要な概念であり、具体的な展開事例も含めて詳しく述べることにしたい。また、少子化の下で外国人受け入れ拡大の動きが出てきており、多様な文化共生の視点から外国人との共生もテーマに取り上げる。

近年、世界的には共生よりも排他の思想が広がってきていることに懸念を覚える。過激で排他的な宗教思想がテロに結びつく動きが世界に拡散しており、また難民の受け入れや移民問題もからめて各国で排除の論理を掲げる極右政党が進出してきている。さらに、貿易の世界でも協調よりも自国の利益を優先する保護主義が台頭してきて、世界経済の秩序が乱れてきている。先行きは不透明だが、このような時代にこそ、あらためて多様な考え方、価値を尊重し合い認め合う共生の理念、思想について考察を深めていくことの意義は高まってきているように思う。

一　コモンズ――排除から共生へ

コモンズの悲劇

ここでは共生の思想を社会システムとして具体的なかたちにしていくためには、「コモンズ」という概念が有効であることを、いくつかの視点から考察していく。コモンズは、わが国では「入会《いりあい》」を目的とする共有地を指す言葉で用いられているが、欧米では公園などのオープンスペースの意味合いで幅広く使われている。使われる国や主体によってその定義は異なるが、共通しているのは排他的でなく共同で利用できるという特性である。

コモンズといえば、ハーディンの「コモンズの悲劇」という言葉がよく引用される。イギリスの放牧地を例に取り、共用の放牧地にだれでも牛を放牧することができると、ただで草を食べさせられるわけだから、みんな一頭でも多くそこに放牧しようとする。その結果、たくさんの人が多くの牛をそこに放牧してしまうがゆえに、草がなくなって、放牧された牛たちは死んでいく——という悲劇を紹介したものだ。「コモンズの悲劇」は経済学でよく使われるが、ハーディンは経済学者ではなく生物学者で、一九六八年に、『サイエンス』という雑誌に発表されたものだ。これは人間というのは、みんなが全員の将来のことを考えて行動するのではなく、自分のエゴ、自分に都合のいいように行動していくものだから、市場原理に任せておくと、そのような共有地は悲劇をもたらす、という考え方である。特に一九六八年は公害問題が巻き起こっていた時であり、ハーディンのこの考え方は、環境問題や公害問題が出てきた状況を説明するために大変分かりやすく、広まっていった。しかし、一方でこの悲観的なストーリーのイメージから、コモンズに対して否定的なイメージが浸透していったともいえる。皮肉な表現をすれば、これこそ「コモンズにとっての悲劇」であったかもしれない。

エリノア・オストロムのコモンズ論

しかし、ハーディンの提起した悲観的なコモンズ論とは異なる視点でコモンズ論を提起した学者が現れた。二〇〇九年にノーベル経済学賞を受賞した、エリノア・オストロムである。彼女はアメリカの政治学者で、女性初のノーベル経済学賞受賞者でもある。彼女の業績は、コモンズのガバナンスに関する研究で、自主的な取り決めによる政治的意思決定の構造解明に取り組み、自主的な統治によるコモンズが成立することを立証したのである。彼女が研究対象としたコモンズは、世界中の水資源、漁業資源、森林資源などを地元地域の人々が管理するというものである。それらの資源の利用については、近年深刻な利害対立が発生し、諸地域においてさまざまな問題が発生してきている。彼女は、その解決に向けて、これまでのような「政府か」「市場か」、という二者択一的な選択ではなく、第三の解決の道として、コモンズの当事者が自主的に適切なルールを決めて、自主的に統治できる（セルフガバナンスの）可能性があることを、実証的に、また理論的に示したのだ。

彼女は、世界中の数多くのコモンズの事例を丹念に調べ上げ、コモンズの自主的統治が長期的に存続していく具体的な条件を示した。さらに、実証的に得られた知見を積み上げて、ゲーム理論を使って、特に自主管理にとって必要な協力行動について、その可能性を分析している。彼女の研究は、共有資源としてのコモンズという仕組みを社会のなかに広めていくことが社会の発展にとって非常に重要なテーマであるという考え方に支えられている。コモンズの利用を市場原理に任せるか、あるいは国家が管理するかという対立図式で、不毛な議論が続いている状況に対して、共有資源をきっちり管理していくためには、利害の対立を超えた協力関係の構築により自主的に管理していける第三の道があることを示したのである。

また、共有資源の管理という切り口で、地方の多様な創意工夫から生まれた仕組みに高い評価を与えたことは、地方が主体的に資源管理に向けて動いていく上での理論的な支柱にもなった。

「コモンズの悲劇」を生み出すのは、人々の利己的動機に基づく行動である。しかし、エリノア・オストロムが調べた数多くの事例は、コモンズの利用者が相互に啓発し合い、学びながら長期にわたってコモンズを管理する知恵を醸成させていく可能性を示唆するものであった。彼女の研究は、政府による規制や市場原理に委ねることなく、地域の人々の自主的な管理によりコモンズの存続が可能であることを示している。地域の人々が自分たちの力を合わせれば、自主的に成長していけるという、自信とやる気を与えてくれたことの意義は大きい。

彼女は、コモンズが長期に持続していく条件として、「コモンズの利用ルールと地域条件との調和」、「ルール違反者に対する段階的制裁」を挙げている。人間が利害対立を克服して協力を実現していくためには、地域の特性に応じた自ら守るべきルールを構築していくこと、そこにはルール違反者への制裁も伴うことなどを示したのである。

それは、地域におけるビジョンとしての将来計画と、それを実現するための規制計画に置き換えられる。長期的なビジョンを明確に持ち、その目標に沿って、それを阻むものは排斥していくという、強力な政策手段を持つことによって、コモンズとしての政策がより一層強いものになっていくのだ。

彼女の考え方がノーベル経済学賞の評価につながった要因の一つに、インターネットの普及があるといわれている。インターネットは、みんなが共通に利用できるシステムであり、モノや情報を所有する時代から、互いに利用し合う時代への変化を支えるソフトなインフラとなってきた。情報通信技術の進展は、単体の排他的利用から、複数体による重層的な利用により資源の持つ価値を総体的に高めていく流れを着実に加速しているといえる。

地球は有限な資源

「人類共通の資源である地球は有限」ということが共通認識となって議論されるようになったのは、ここ四〇年ぐらいのことだろう。最初の大きな転機は、一九七〇年代前半の「オイルショック」であった。それまであふれるばかりの石油を使って文明生活を享受していたのが、実は石油は限られた資源なのだということを強く認識させられた出来事であった。それ以降、成長には限界があることを前提にした議論が展開される。ローマクラブの「成長の限界」というレポートが注目されるのもこの頃だ。ローマクラブが用いた経済予測モデルの手法であるシステム・ダイナミックスは、それまでの右肩上がりの直線的なトレンド(傾向)式の予測モデルではなく、曲線や下降線もある「限りある地球資源」を前提とした柔軟な発想でつくられているモデルであった。

それから二〇年以上が経過して、九〇年代に入って地球温暖化が大きな問題として議論されるようになった。当時、「コモンズとしての地球」という言葉が使われるようになった。わたしにとって、一九九二年のリオデジャネイロで開催された地球サミットは大きな転換点であった。それまで開発と環境を対立概念としてとらえてきた政策論議が、「持続可能な開発(サステイナブル・デベロップメント)」という概念で、同じ土俵で議論できるような状況になったことは、革命的ともいえる転機であった。それまで「開発か環境か」で不毛なエネルギーを費やすことが多かった議論が、「持続可能な開発」というコンセプトを共有することで発展的に進むようになったことの意義は極めて大きい。

さらに、二〇一五年九月の国連サミットで持続可能な開発を進めていくための具体的な目標

（ＳＤＧｓ）が採択されたことはさらに大きな前進だ。持続可能な世界を実現するために、具体的に一七のゴールと一六九のターゲットを示し、それを世界の国々が共有して、共通の目標に向かって協調して取り組む潮流が生まれてきた。特に、世界が求める変化を「見える化」したことで、民間企業においても社会的な課題解決を事業成長に結びつけていく機運が高まってきたことの意義は大きい。これは難しい環境問題や貧困問題などが、市場メカニズムによって解決される可能性が出てきたともいえる動きだ。

時間軸の持続可能性、空間軸のコモンズ

このように、社会活動や経済活動において、限られた地球資源をしっかり次の世代につなげていくという「持続可能性」の概念を多くの人々が共有することは大変重要なことだ。それと同時に、わたしは空間軸（地域軸）の視点で持続可能性を考えていくことが重要だと考えている。今我々が住んでいる地球上の土地空間を、どうやってより公平に、有効に限られた資源として使っていくのかという視点でこれからの社会システムを創りあげていく、そのための有効で適切な概念がコモンズであると考えている。そのために、新たな地域社会のパラダイムとしてコモンズを提起していきたいと考えている。もともと、持続可能性という言葉が広く使われるよ

うになった契機は、一九八七年の国際連合の「環境と開発に関する世界委員会(ブルントラント委員会)」の報告書であるが、その表題は「Our Common Future(我ら共有の未来)」である。共有の未来に向けて、空間的に共有していく思想を伝えるためには、コモンズという言葉がふさわしいように思える。

歴史小説家である司馬遼太郎氏が、晩年に強く主張していたのは、日本の国のかたちを一番ゆがめているのは土地の所有制度だということであった。日本は土地の私的所有権が強く守られている。土地がいったんある人や、ある企業のものになると、土地利用制度の硬直性から非常に排他的に使われ、思い切ったまちづくりや地域の活性化プロジェクトを進めていく上で、大きな障害となる事例は多い。

所有者がいたからといって、それはその人だけのものなのか。その土地が持っている地球の一部としての空間の有効利用というもの、所有と利用の機動的な調整というものを、公とわたし、あるいは新しい公共というような、そういう視点で考えていこう、と司馬遼太郎が最後に発し続けたメッセージの意味は重い。これからは、排他性をやわらげながら、土地、空間の持っている価値を高めていく仕組み、政策の構築が求められており、そこにコモンズの意義もあると思われる。

土地は誰のものか

土地というのは限られた人類共通の資源だが、日本の場合、明治以来伝統的に土地については私的所有権が強く守られ、土地のコモンズ的な利用は大変難しい。

その理由は、日本では土地を利用する権利よりも、土地を処分し、そこから収益を上げることに力点が置かれてしまうところにある。バブル期までの日本では、保有しているだけで土地がどんどん値上がりする時代が長く続いた。他人に貸して賃料を得ることもできるし、銀行は土地さえあればそれを担保に金を貸してくれた。個人も企業も何のためらいもなく土地売買で利潤を追求していくことを志向した。そこからは、社会的に有用な利用を図ろうとか、公的な要請を受けとめて柔軟にオープンな利用を認めていこうという動機づけはなかなか生まれてこない。政府部門などの公的セクターも、公的な利用という目的を実現するためには、多大な公的資金(税金)を投入して土地の所有権を取得するしかない。

この背景には、土地を資産、商品としてとらえる意識が強いことがある。わが国では土地は個人にとっては生涯をかけて取得することが目的となるほどに大切な資産として考えられている。土地は持っているだけで多様な利益を得られる機会があるのだ。しかし、これまでの所有感覚を少しでも見直して、コモンズとして有効活用していく新たな社会システムが生まれれば、わが国の都市政策、地域政策は大きく進化していくだろう。これからは、土地等の資源利用を、市場原理に任せるか、あるいは国家が管理するかのどちらかという図式でなく、利害の対立を超えた協力関係の構築により、自主的に管理していく第三の道がある――これこそエリノア・オストロムが探求してきた方向でもある。

ヒントを探るために、いくつかのコモンズの事例を見ていきたい。

二　地方に根づく共生の知恵――コモンズの展開

ここでは、共生の思想を実際の地域社会のシステムとして展開していくためのコモンズの具体的な事例を見ていきたい。最初は、工業団地の緑地をコモンズとして利用しているNPO法人苫東《とまとう》環境コモンズの活動であり、わたしも参加してコモンズに関心を持つきっかけになった取り組みである。二つ目の事例は、漁業資源の管理の事例である。ここでは由比《ゆい》の桜えびを取り上げたい。最後に、北欧の自然享受権、特にフィンランドの万人権を取り上げる。

(1) 苫東環境コモンズの挑戦——調査研究と実践のコラボ

最初に紹介するのは、工業団地の緑地がコモンズとして利用されている世界でも珍しい事例だ。北海道の太平洋に面した苫小牧《とまこまい》の勇払《ゆうふつ》原野に、アジアで最大規模の工業団地（苫小牧東部工業団地、通称「苫東」）がある。そこには、広大な緑地、森林が広がっており、地元の住民が主体となって森林の手入れやハスカップ摘み、薪づくり、さらにフットパスなど、人々が共同で利用するコモンズの活動が地道ながら生き生きと展開されている。所有者である（株）苫東との良好なパートナーシップを築きながら、その活動を担っているのが、NPO法人苫東環境コモンズ（以下「苫東環境コモンズ」）だ。

この苫東環境コモンズが設立されたのは二〇一〇年と比較的新しいが、実践的な活動だけでなく、コモンズの意義や取り組み事例についての調査研究活動を地道に積み重ねてきた。わたしは二〇〇八年にその研究活動の母体であった環境コモンズ研究会の設立に参加したことがきっかけとなって、コモンズに関心を持つようになった。

苫東工業団地は、総面積が約一万ヘクタールを超える日本一広大な工業基地である。高度経済成長期の一九七一年に当時の北海道開発庁が、「苫小牧東部大規模工業基地開発基本計画」を策定し、大規模プロジェクトの一環として進めたもので、開発事業主体として苫小牧東部開発(株)という第三セクターが設立され、土地の造成と分譲および緑地を含む用地の管理が行われてきた。

この苫東工業団地の特徴の一つは、グリーン・インダストリアルパークと呼ばれるように、環境に配慮した工業団地であることだ。当時の急速な工業開発による公害問題の反省にたって、日本で最初の本格的な環境アセスメントを導入したほか、団地の約三分の一を緑地帯として、多くの現況樹林を残すという思い切った緑地プランを採用したのである。しかし、工業団地の造成、分譲と一緒に、広大な緑地の管理を進めていくことは団地の所有者である第三セクターにとっては大きな負担でもあった。

環境コモンズ研究会

その後、北海道拓殖銀行の破綻を契機に、一九九八年には、第三セクターが長年にわたる債務累積によって経営破綻してしまった。破綻後は、借入金に頼らないかたちで新たに立ち上げた(株)苫東が工業団地を所有、管理することになった。しかし、人員の縮小、管理経費の縮減などにより広大な緑地を所有者だけで管理していくことは一層難しくなった。そのような状況のなかで、地元住民を主体に自主的に緑地の維持、管理に関わる活動が行われるようになり、それが苫東環境コモンズの活動として苫東緑地のコモンズ的な管理と利用につながっていくことになる。

苫東環境コモンズの代表理事は、精神科医の瀧澤紫織氏だが、実質的な担い手は、事務局長を務めている草苅健氏である。草苅氏は、一九七六年に第三セクターに入社し、広大な緑地、森林を管理する技術者として長く従事していたが、経営破綻後に退職してからも市民の立場で雑木林の保育などのボランティア活動に従事していた。本来は所有者である会社に緑地や森林の管理を担う責任があるが、特に経営破綻後はそこまで手がまわらないことを一番分かっていたのが草苅氏であった。彼は多くの市民が協力して緑地や森林の管理を担う活動主体を立ち上げる計画をしていて、その頃わたしは草苅氏から相談を受けた。自主的な活動主体をＮＰＯ法人として立ち上げようと準備をしているが、ＮＰＯ法人の名称に「コモンズ」をつけることに対して疑問を唱える人がいるという相談であった。わたしは、所有者の手の届かない緑地の管理に幅広く地元の人々が自主的に関与していく仕組みはまさにコモンズであると思い、活動の理念にふさわしい名前だと答えた。ただ、そのような経過のなかで、草苅氏と相談し、ＮＰＯの活動理念である環境コモンズについてこの機会にしっかり時間をかけて調査・検討していく活動に取り組むことが必要だろうということになった。そのために二〇〇八年に北海道開発に関する調査を行う(一財)北海道開発協会に設立されたのが「環境コモンズ研究会」であった。わたしは座長として研究会に参加し、そこでNPO活動の理念や方向について関係者、学識者を集めて検討を進めながら、さらにコモンズの意義についても議論、検証を深めていった。

論点の一つは、慣習法的なコモンズのルールをどのように安定的な仕組みとして具体化し、合意していくかであった。所有者の権利が強く主張されると、コモンズの柔軟性が失われてしまう。エリノア・オストロムが研究した利害対立を超えた協力関係の構築に向けた自主管理のルールづくりの難しさを体験する貴重な場でもあった。

しかし、苫東環境コモンズの活動が認知されてくると、所有者の(株)苫東にとっても地域共生で緑地の管理を進める好イメージを生み出し、次第に良好な関係ができあがってきた。安定的なコモンズの形成にとってはウィンウィンの関係づくりが大切である。また、その間、現地の苫小牧でも毎年フォーラムを開催して地元の人々とも意見交換を重ねていった。このていねいな研究会活動の積み重ねによって、コモンズの意義を多くの人々が共有することができ、苫東環境コモンズのその後の安定的な活動につながっていった。

苫東環境コモンズの実践

興味深いのは、苫東環境コモンズの活動が、工業団地として使用される以前の緑地の土地利用とつながっていることだ。例えば、苫東工業団地の北端にある保全緑地は、かつて大島山林と呼ばれる大島家の所有地であったが、古くから地元の人たちが山菜採りや散策などに利用していた。その後、工業団地として買収されてからも、地元町内会がその一部をアイリス公園と名付けて自主管理をしていた。苫東環境コモンズが立ち上がってからは、山菜採りや散策をはじめ、フットパスや歩くスキーのコースとしても活発に利用されるようになっている。コモンズの形成には、共生利用の伝統、慣習をしっかりと受け継いでいくことが欠かせないと感じる。

苫東環境コモンズが最近力を入れているのが、ハスカップの研究、保存活動である。ハスカップとはスイカズラ科の落葉低木で苫東工業団地には、ハスカップの自生地がある。昔は、誰もが他人の土地であっても断ることなく自生するハスカップを採集していた。商品として市場に出すのではなく、自己消費のためであったので、ハスカップ摘みは苫小牧地域の入会の慣習として地域に定着していた。最近では、北海道内の各地に移植されて商品販売されるようになってきたが、一方で苫東に自生するハスカップが野生種として貴重なものであることが分かってきた。単一の遺伝種は病気によって絶滅してしまうが、野生種を保存していくことでそれが救われることになる。生物多様性の面で苫東に自生するハスカップは遺伝資源として人類の貴

苫東工業団地の緑地を散策する苫東環境コモンズ．

冬場の馬ぞりでの薪運び．薪集めは大切なコモンズの活動財源だ．

重な財産であり、海外からも関心を持たれるようになってきた。そこで、苫東環境コモンズでは、ハスカップ・サンクチュアリとして苫東に自生する原生種を保存するための活動に取り組んでいる。GPSなどを使いながら原生種の観察を続けており、その情報は研究者にとっても貴重なものとなっている。

また、苫東環境コモンズの活動資金の財源の多くは、薪の販売収入でまかなわれている。メンバーによる雑木林の保育間伐作業で得られた丸太は、「雑木薪」と呼ばれるが、薪ストーブの燃料などとして需要が大きく、今ではメンバーが使用した残りの薪を販売して、貴重な資金源となっている。持続的な活動を支えていくための安定的な財源確保もコモンズの重要なテーマである。

苫東に立地した企業に東京から転勤してきた人が、「大自然に囲まれて、夏にはハスカップを摘み、冬には薪ストーブを使い、夢に見た田舎暮らしが苫東で実現できた」と話してくれた。苫東環境コモンズの活動が、工業団地に多様な魅力を生み出し、(株)苫東にとってもその所有する団地の価値を高める結果となっている。この好循環がコモンズの持続的な活動にとって大切なメカニズムである。もともと三〇〇〇ヘクタールを超える緑地を工業団地分譲が目的の民間会社が管理していくことには限界がある。それは独占的な土地利用を所有者のみに認める制度の限界でもあろう。土地空間の多様な魅力と潜在力を引き出す装置としてのコモンズの醍醐味を苫東環境コモンズの活動は示してくれている。

(2)　由比の桜えび――コモンズとしての漁場

静岡県由比の桜えびの話を最初に聞いたのは、築地の仲卸をやっていた小川貢一氏からだ。彼は、漫画『築地魚河岸三代目』のモデルでもあるが、漫画の取材時にはいつも同行して、全国のおいしい魚を求めて旅をしている目利きでもある。小川氏と釧路の魚市場で食事をしているときに、たまたま話題に出たのが「由比の桜えび」だった。由比では漁獲した水揚げ金額を、それぞれの水揚げ量に関係なく漁業者に均等に配分しているということを聞き、その徹底した管理システムに興味を持ち、早速由比に出かけたのである。

由比は、行政上は、静岡市の由比地区である。昔は由比町であったが、二〇〇八年度に市町村合併で、静岡市と合併した。江戸時代は、東海道の宿場町として栄え、歌川広重による「東海道五十三次」では富士山と駿河湾とともに描かれている。

桜えび漁に関わっているのは、三地区(由比、蒲原、大井川)で、由比漁協が中心になって、漁獲量を制限し水揚げ代金を一定のルールに基づき船主や乗組員に均等配分する、プール制による資源管理型漁業を展開してきた。現在は、由比、蒲原と大井川地区の桜えび漁師で構成する「静岡県桜えび漁業組合」が、全体の管理を行っている。駿河湾でしか漁獲されない桜えびを大切に守りながら、地域の漁業を持続的に維持していくための取り組みを進めているのである。

プール制による資源管理型漁業というのは、すべての漁船での水揚げ量、水揚げ金額を一つにプールし、漁業者に均等に配分するということである。具体的には、由比、蒲原、大井川の三地区の水揚げ金額をプールし、その合計から、販売手数料、燃料代を差し引いた金額を船主五〇％、乗組員五〇％という割合で配分し、それをそれぞれの船主、乗組員総数で均等に割った金額を各自の取り分としている。これにより、漁業者間の過当な競争を排除しているのである。

桜えびは夜になると、昼間生息する水深二〇〇―三〇〇メートルの層から水深二〇―三〇メートルの上層まで浮遊してくる。この特性を利用し、夕方に出漁し、夜半に水揚げを行っている。七トンクラスの漁船が二艘で一緒に船びき網漁業を行い、約一二〇艘の船が操業している。漁期は春漁と秋漁の二漁期であり、資源を守るため、産卵期である六月一一日から九月三〇日を禁漁期とし、また一月から二月を自主休業としている。

試行錯誤の歴史

このような仕組みが出来上がるまでには多くの苦労と試行があった。由比の桜えび漁は、一八九四年(明治二七年)に始まったが、基本的には自由操業であった。しかし、一九六四年と一九六五年の漁獲高が一九六三年の約半分まで激減し、資源の枯渇が由比地区の漁業者の頭をよぎった。これをきっかけに水揚げ代金のプール制導入の模索が始まったが、この当時の取り組みでは資源の管理効果はあまり見られなかった。その後の試行錯誤を経て、一九六八年秋漁に再度プール制が由比、蒲原、大井川の三地区それぞれで導入されることとなったのである。検討、導入から一〇年、紆余曲折を経て、一九七七年から、集約による効果を上げるため、三地区を統合し、総プール制が採用されるに至った。さらに一九八三年には水揚げ地の漁協に支払われていた桜えびの漁業販売手数料もプール計算制とすることで、価格形成上最も有利な市場別出荷量を目指して総水揚げ量の市場別配分を調整できる体制が整い、現在のかたちになっている。

由比港漁業協同組合長の宮原淳一氏に最初にわたしがお会いしたのは、二〇一〇年の七月であった。「由比という町は、昔は「結《ゆい》」と呼ばれていた。この町にはもともと人がまとまる町民性、伝統があるのですよ」と笑いながら話してくれた。なぜ三〇年以上も七〇〇名以上の漁民がプール制に同意し、協力してやってこられたのかという質問には、「金額の配分についてに、綿密に決められた客観的な計算式で配分することが長年引き継がれており、そこに不満がなく皆それを信頼していること。それから大きいのは、資源管理をしながらブランド力を大切にすることで所得の増加につながっているという自信でしょう」という答えであった。

由比の桜えび漁に、コモンズの事例として意義を感じるのは、限られた資源をどのように使うかについて、コミュニティ内での緻密なルールを決めて、資源を管理し、コミュニティの経済活動、生活を支えていくシステムが漁業者の信頼の基盤の上に構築されていることだ。公平で質の高い知恵と工夫、特に科学的な分析によるルールづくりと、地域全体で連携していくことが、長い目でみれば自分たちの所得向上につながるという共有感と自信に支えられて、プール制という地域ルールを維持することができたのだ。漁場をコモンズとして管理することが、力強い地域社会の形成につながることを示す挑戦でもある。

しかしながら、桜えび漁は二〇一八年からは急激な落ち込みを見せてきている。桜えび漁は、春と秋の二回の漁期があるが、春の漁期を短縮して資源保護に努めている。夏以降に産卵する親えびを保護し、秋の漁期に向けて資源の維持・拡大を優先すべきだ、との苦渋の判断だ。資源を管理しながら地域の産業を持続させていくという試行錯誤は今も続いている。

コモンズとしての道の駅、遊水地

公共政策の分野はタテ割の論理が強く、ややもすれば排他的な利用になりがちだ。これからは、コモンズの発想で、より効用を高めていくことが大切だ。

九〇年代から全国各地で設置が進められてきた「道の駅」は、当初は休憩やトイレ、情報提供などドライバーの不便を解消する機能が中心であったが、次第に農産品の直売や特産品の販売などで大きな集客力を持つようになり、経済活性化の拠点になってきた。その「道の駅」に防災機能を持たせる動きが各地で出てきている。きっかけは、二〇〇四年一〇月に発生した新潟県中越地震である。震源地に近い道の駅が、被災者の避難場所や支援施設として活用された。その後、二〇一一年三月の東日本大震災では、内陸部の道の駅は、避難者の受け入れ先や、食料の提供や給水サービスなどで大きな役割を果たした。特に、岩手県遠野市にある「道の駅遠野風の丘」は、復旧や救援活動に向かう自衛隊の後方支援の拠点となり、復興支援に大きな役割を果たした。非常時における防災拠点の役割を果たすようになれば、外から来訪した人たちも安心である。「道の駅」をコモンズとして捉えることで、地域活性化の拠点としての役割を一層高めていくことができるだろう。

コモンズの発想で土地空間の効用を高めていく手法は、わが国の遊水地事業にも見られる。遊水地は、洪水時に河川の氾濫による被害を防ぐために、一時的に氾濫水を貯める場所である。わが国では、洪水時には遊水地として使うが、平時には農業生産の場として利用することができる遊水地がいくつかある。所有権は農業者に残したまま、河川管理者が地役権を取得するという仕組みで、非常時と平時の両方の活用を企図したコモンズだ。平時は営農をして農業生産による経済価値を生み出し、非常時には洪水対策を担うことで、洪水時にのみ機能する遊水地よりも高い効用を生み出すことになる。

北海道石狩川流域で進められている北村遊水地事業も地役権設定の手法を使って、洪水調整と農業生産活動の両立を目指している取り組みである。わたしはコモンズの具体的展開事例として北村遊水地に関心を持ち、地元の岩見沢市北村地区の関係者と交流を続けてきた。地元の若手農業者や河川事業担当の人たちと一緒に、先行遊水地の視察なども行ってきたが、地域の将来発展に向けて一緒に議論できる場があることは非常に大切だ。これまでややもすると、洪水対策の河川事業は地元とは対立関係になりがちで、補償調整に力点が置かれていた。いわば平時の論理と非常時の論理は対立しがちだが、北村遊水地の取り組みからは、それを超える共生のシナリオが出てくる可能性を感じている。

また、近年豪雨による河川氾濫が相次いでいるなかで「流域治水」という取り組みが広がってきている。水田を遊水地として使い、発電や農業用のダムを事前放流して貯水力を高めておくなど、官民が一体となって地域の資源を多目的に活用しながら洪水被害を低減させていこうという取り組みだ。コモンズの発想で土地空間や施設の効用を高めていく動きといえる。

(3) 自然享受権——北欧の伝統と営み

一〇年ほど前にストックホルムを訪問したときに、現地にいる日本人の知人から興味深い話を聞いた。彼はスウェーデン人の友人から誘われてその友人の別荘に滞在したのだが、そのとき別荘の敷地に知らない人がキャンプをしていたという。勝手に人の所有地に入り込んでキャンプをしていることに驚いた彼に対して、その友人は、スウェーデンには「自然享受権」という権利があり、一泊くらいのキャンプ利用であれば他人の土地でも利用する権利があるのだと答えたという。

調べてみると、スウェーデン、デンマーク、ノルウェー、フィンランドなどの北欧諸国では、土地所有者に損害を与えない限りで、すべての人々が自然環境へアクセスする権利を持っていることが分かってきた。キャンプだけでなくピクニック、サイクリング、乗馬、スキー、ベリーやキノコ摘みなどが、土地所有者の許可なく行うことができるのだ。しかし北欧でも国ごとにその制度は異なっており、権利の名称も異なる。スウェーデンの自然享受権は憲法に明記されているが、フィンランドでは体系的な法律はなく、慣習法として定着している。ノルウェーでは野外生活法に定められ、耕地と非耕地とでは異なり、基本的には非耕地での通行権が認められている。デンマークでは自然保護法に規定されているが、北欧圏の中でも比較的人口密度が高いことから土地所有者の拒否権が強いという。

フィンランドの万人権

フィンランドではそうした権利は、「万人権」という呼称で幅広く定着している。慣習法によって認められた権利であるが、権利行使に際しての禁止事項等が、約三〇ある個別の法律に具体的に記されている。いわば国土全体がコモンズとして利用されており、そのためのルールも整備されているのだ。わたしはなぜフィンランドでこのような権利が根づき、定着したのか、何とか調べたいと思っていた。二〇一二年秋にヘルシンキに行く機会があったので、そこで研究機関や政府機関を訪ねてみた。

フィンランドの万人権について、政府が国民向けに非常に分かりやすいガイドブックを出している。それによると、土地や財産に損害を与えないことを前提に、散策、スキー、自転車通行、乗馬、短期間のキャンプ、水遊び、ピクニックなどができるほか、ベリーやキノコ摘みも可能で、販売目的での採取も許されている。冬は凍結した水路であればスノーモービルもでき、釣りや狩猟は費用が発生することがあるが、これも可能だ。

許可されていないことは他人に危害を加えること、財産を損なうこと、野鳥の繁殖地への侵入、緊急時以外のたき火やキャンプファイヤー、ごみの放置、オフロードの自動車走行などとなっている。万人権に関わる政策分野は多岐にわたり、関連する省庁は、農林省、文部省、道路管理省など幅広いが、全体の調整は環境省が所管している。先ほどのガイドブックの発行も環境省だ。環境省で担当者から話を聞くことができた。環境政策のねらいは、国民の自然へのアクセスの権利を有効に活かしながら、自然環境に触れ合う機会を高めていこうとするものである。具体的な施策としては、フットパスや標識の整備など自然に接することができるための環境基盤整備に力を入れているという。

一方で、調整業務の方はなかなか大変なようだ。各省庁と地方自治体との両方の調整があるが、特に気を遣うのは地方自治体との調整だという。万人権の利用については、あくまでガイドラインを示していくのが国の役割で、強制的な指導ができないところに難しさがあるという。

万人権を世界遺産に

訪問時に、万人権の研究については国内第一人者と言われている、アンネ・ラウティネンさんに会って話を聞くことができた。アンネさんは万人権について最も権威のある解説書を執筆しており、それは五年間にわたるていねいな調査と議論を重ねて完成されたものだ。土地の所有者とのトラブルはないのかという質問に対しては、「アンケート調査では、これまで問題があったという回答は、土地所有者と万人権を行使する人たちを合わせてもわずか一％であった」と答えてくれた。また、ベリーやキノコが販売目的で大量に採取されることはないのかという質問には、「自生するベリーでも全体の一〇％程度しか採取されておらず、今のところ資源が枯渇する心配はない。逆に厳しい規制を設けると活動が狭まり、伝統ある万人権の意義を損なう可能性がある」という答えであった。アンネさんによれば、人間が健康に暮らしていくためにも、自然に触れることができる仕組み、気軽に森などの自然にアクセスできる環境が整っていることが重要であり、万人権の意義もそこにあるという。万人権の商業利用については、外国人によるベリー摘みや乗馬ツアーなどの例があるそうだが、大きな問題にはしないという姿勢であった。そこには権利侵害によるマイナス面を強調すると、本来の権利の良さが失われてしまうという深慮が感じられた。

また、万人権による森林での活動が、小中学校のカリキュラムに組み込まれるようになったそうだ。森の中で遊ぶことは体の機能を成長させていくために大切なのだ。滑りやすい地面を歩き、大きな石に上がり、木に登る友達を下から支えるなど、子どもたちの成長に好影響を与えるという。

アンネさんには、万人権をユネスコの世界無形文化遺産に登録しようというアイデアがあるという。世界遺産に登録されれば万人権を長期的に権利として保障することになり、さらにブランド力も高まっていく。ただ他の北欧諸国との調整、連携が必要であり、そこまでの動きはまだないということであった。厳しい自然と共生しながら生き抜いてきた知恵をしっかり権利として定着させている北欧の伝統が世界遺産として登録されれば、コモンズとしての共生の土地利用が世界的に評価されることになるだろう。

万人権セミナー

ところで、フィンランドを訪問した折に興味深いできごとがあった。ヘルシンキ大学にはわたしが在籍していた北海道大学のヘルシンキオフィスがあり、ヘルシンキ大学の協力を得て訪問調査の準備を進めていた。すると万人権をテーマに日本から研究者が調査に来るということを聞いたヘルシンキ大学法学部長のキッモ・ヌォティオ教授から、是非ヘルシンキ大学法学部主催の研究セミナーを開催したいという要請があった。

研究セミナーには、刑法が専門のキッモ・ヌォティオ法学部長をはじめ、法哲学が専門のアリ・ヒルヴォネン教授、法制史が専門のヒェッキ・ピラユムゥッキ教授、環境法が専門のアリ・エクロス教授、さらにタンペレ大学から憲法、行政法が専門のペッカ・ラウシネヴァ教授などが報告者として参加し、都市計画を専門とする教授や大学院生、留学生も議論に加わり、活発な意見交換が行われた。

法学分野を中心とする議論であったので、万人権が慣習法として定着していく歴史的過程や土地所有者と利用者との紛争処理手続き論など、法律の専門研究者から報告がなされた。その後に、パネルディスカッションに移ったが、そこで彼らの問題意識が次第に分かってきた。フィンランド人にとって、万人権は極めて当たり前の権利であり、特別の権利として意識することは少ないのだ。万人権をテーマにした本格的な学際研究や意見交換の機会もなかったという。それほど無意識に定着している権利でもあることが分かってきた。それだけに、なぜ日本人の研究者がフィンランドの万人権に興味を持ったのか、彼らは知りたがった。

わたしは、日本では土地の所有権が強く、他者の利用はほとんど排他されるが、これからはコモンズ的な利用が必要だと考えており、その望ましい権利のイメージがフィンランドの万人権であったという、訪問の理由を説明した。また、北海道で工業団地の緑地をフットパスとして利用するなどの活動を始めているが、当初土地所有者の理解、承諾を得ることに苦労したことなどを話した。意見交換を進めていくなかで、参加者からは万人権の意義を再認識する声が聞かれた。また、自然へのアクセスだけでなく、都市部の土地利用にも積極的に活用していく必要があるという意見も出るなど、パネルディスカッションは盛り上がった。

フィンランドの万人権は、豊かで厳しい自然と共生しながら生活していくために長い時間をかけて醸成されてきた知恵である。また、日本においても、万人権のような発想で柔軟な土地利用システムを構築していくことが、地方の魅力創出や活性化にとってあらためて必要であると感じた。

永遠のコモンズ

最後に、北欧の営みのなかで共生の思想の崇高さを感じさせてくれる事例を紹介したい。それは、ストックホルム市の郊外にある「スクーグスチルコゴーデン」という墓地である。人間にとって死は避けられない。死者にとって墓地は大地に戻る場であり、残された人々にとっては、悲しみを乗り越え、懐かしい思い出をよみがえらせる空間である。その墓地が、芸術性に富んだ魅力のあるコモンズの森林空間として北欧の都市に存在する。

「スクーグスチルコゴーデン」はスウェーデン語で森林の墓地という意味である。ヨーロッパの自治体にとって、墓地の建設、管理は大事な行政サービスである。スクーグスチルコゴーデンは、ストックホルム市役所が、ストックホルム市民のための新しい墓地をつくろうと、約一〇〇年前に計画されたものである。計画については、オープンな国際コンペで行われ、最終的に選ばれたのは、スウェーデン人の若手の建築家グンナル・アスプルンドとシーグルド・レーヴェレンツの提案であった。

一〇〇ヘクタール近い敷地のなかには礼拝堂と火葬場があるだけで、ほとんどが森林地の自然な墓地である。約一〇万の墓があるが、墓石は大変質素にできており、あくまで森林が主役だ。スウェーデンはもともと土葬の国だったのだが、今は火葬も普及してきている。土葬は、土地空間をかなり独占的に所有してしまうが、火葬であれば土地に負荷を与えずに森に帰ることができるという考え方がスウェーデンにおいても次第に広まってきている。まさに森のなかでみんなが一緒に眠るコモンズだ。

有名な女優のグレタ・ガルボのお墓もこのなかにある。森のなかにさりげなく眠っている彼女のお墓は驚くほど小さいが、さわやかで美しかった。日本では時々墓地で「ここがわたしのお墓」といわんばかりの立派な墓石を目にすることがあるが、どうも馴染めない。自然に対して万人が平等に眠っている姿には、すがすがしさすら感じる。

スクーグスチルコゴーデンは、深い思想を表現する空間でもある。無駄のない簡素な設計で、建物も装飾がなく機能本位だ。礼拝堂から森の小道がつながっており、「七井戸の小道」と呼ばれている。精巧に設計された小道で、ちょうど礼拝堂から並木が終わるまで八八八メートルの距離がある。礼拝堂に向かうときは悲しみに沈んで小道を歩くが、戻りながら徐々に悲しみを和らげていき、礼拝を終わって小道を歩き終えたときには、その悲しみを乗り越えられるように、未来に向き合う心の動きにつながる距離と景観を計算し、緻密に考えぬかれた設計だ。スクーグスチルコゴーデンにはこういう心の動きに配慮した設計コンセプトが随所に見られ、完成度の高い芸術作品でもあり、世界遺産にも登録されている。

コモンズの意義というのは、個々のエゴをむき出しにすることなく、質の高い関係性を共同で築きあげていくことだと思う。それが、人だけでなく、人と自然、それから空間との関係にまで昇華していけば素晴らしい。それを教えてくれたのは、スクーグスチルコゴーデンであった。

三　外国人との共生——多文化を力に、ニセコ地域の経験

共生社会とは多様性を受け入れる社会づくりでもある。そこでは、社会的に弱者の立場にあ

る障害者、高齢者、女性、外国人、子どもたちなど、それぞれの多様な状況や意思に向き合っていく必要がある。特に、文化、言語、生活習慣の異なる外国人と一緒に働き、暮らしていくために何が必要か、どのような課題を克服していけばいいのか、外国人との共生について考察していくことは、共生社会づくりを考えていく上で欠かせないテーマになってきている。

最近、わが国では外国人受け入れ拡大の動きが出てきている。二〇一九年四月には「出入国管理及び難民認定法及び法務省設置法の一部を改正する法律(改正入管法)」が施行された。改正入管法が成立した背景には、深刻な人手不足がある。しかし、スイス人の作家マックス・フリッシュは、五〇年前に「我々は労働力を呼んだが、来たのは人間だった」と語っている。労働力が足りないからという安易な発想で受け入れると混乱を招くことになる。現実にヨーロッパ諸国では現在も厳しい移民問題に直面している。どのような政策が失敗し、何が有効であったのか。過去の教訓から謙虚に学ぶ姿勢が大切だろう。

ここでは、わが国の経験を振り返るとともに、外国人との共生によって地域の力を高めていくために何が必要か、北海道ニセコ地域の事例を通して考えていきたい。

わが国の経験

入管法改正論議の際も、わが国ではもっぱら外国人材、外国人労働者という呼び方をし、移民という言葉は余り使われていない。しかし、古くは多くの日本人が移民として外国に移り住んでいた時代がある。例えば和歌山県美浜町の旧三尾村はアメリカ村と呼ばれており、明治時代に多くの村民が(アメリカ大陸の)カナダに移民したことで知られているが、ゆかりのある日系カナダ人との交流は今も続いている。戦後になると、ブラジル、アルゼンチン、ボリビアなど南米に多くの日本人が移住して、オキナワ村など各地に日本の出身地の地名を持つところもある。歴史的に見れば国境を越えた人の移動はそれほど特異なものでなく、移民政策は意外に身近にあった政策ともいえる。

一九八八年版の経済白書は、国際化には日本企業が世界市場に展開していく「外への国際化」と、外国からモノやヒトを受け入れる「内なる国際化」があり、両者のバランスが必要であると指摘している。すでに、この頃から外国人雇用の拡大に向けた政策変更の動きが見られるのだ。一九八九年には在留資格を増やす入管法の改正があり、また日系人の在留資格の取得が容易になったことから、日系ブラジル人の居住が急速に増加していった。さらに、一九九三年には技能実習制度が始まった。「技能実習」や「研修」の在留資格で滞在するのだが、受け入れ側の企業等からは実質的に低賃金での労働力として扱われる場合が多く、そこから社会的な問題を引き起こすこともあった。

このような外国人に対する政策は、わが国では移民政策あるいは外国人政策として体系的に議論されることはなく、基本的に出入国管理政策の枠組みだけで対応されてきたといえる。このような国の受け身の姿勢に対して、わが国で外国人との共生に向けた政策議論を主導したのは実は地方自治体の側からであった。

二〇〇一年五月に、当時の浜松市長の呼びかけで全国の二一の市と町が集まって、「外国人集住都市会議」が発足した。外国人集住都市会議は、その当時ニューカマーと呼ばれた日系ブラジル人を中心とする南米系外国人が多数居住する地域の自治体が集まって設立したものだ。外国人住民が増えることで、それぞれの地域で顕在化しつつある問題の解決に一緒に取り組んでいくことが目的だった。当時、日系ブラジル人などが働く地域は一部の地域に限られていたため、国がなかなか政策的な関心を示さなかった。住民のなかに外国人が入って暮らすことで生じる問題にどのように対処していけばいいのか、戸惑いながらも、地方自治体の間で情報交換を行い、連携して政策提言や要望など積極的に取り組んできたのだ。日本語学習、子ども教育、社会保険制度、災害時対応など多岐にわたる分野での検討が行われた。「多文化共生」をテーマに外国人集住都市会議は今日までほぼ毎年開催されており、そこでの意見は、関係する省庁などに提言として提出されてきている。

外国人集住都市会議における検討内容を見ると、次第に課題解決から、外国人の持つ多様性を地域の力にしていこうという方向に転換していることが分かる。二〇一五年に浜松市で開催された会議では、「外国人住民の持つ多様性を都市の活力としていく」ための議論も行われている。この時すでに日系ブラジル人の第二世代などがグローバル人材として社会で活躍するケースが増えてきていた。

国際的な観光リゾートとして飛躍的な発展を見せている北海道のニセコ地域にある倶知安町ひらふ地区でも、外国人観光客の来訪だけでなく、地域の魅力に惹かれてやってきた多くの外国人が地域に住み着き、さらに海外からの大きな投資が続くという動きが見られる。そこには、経済発展のダイナミズムとともに、乱開発への不安や不在地主の増加による地域コミュニティの力の衰退など、光と影の両面が見られる。外国人の持つ多様性を地域の力にしていくための方策や課題について、ひらふ地区での活動経験から考えていきたい。

ニセコ地域の急速な発展

国税庁が発表した、二〇二〇年一月一日時点の路線価で、北海道倶知安町ひらふ地区の上昇率は五〇・〇%を記録した。これは六年連続の全国一である。なぜこれだけの高い地価の上昇を続けてきたのだろうか。地域における開発効果を探るために、ヘドニック・アプローチという伝統的な分析手法がある。収益性、利便性、快適性などの開発効果全体を評価する尺度に地価を用いて分析する方法である。地価はトータルな開発の効果を測る分かりやすい物差しである。倶知安町の地価上昇率が全国のトップになったことは、地域空間としての魅力、価値が市場で評価された結果であり、ひらふ地区におけるリゾート開発の効果の大きさを示すものといえよう。それでは、なぜひらふ地区でこれだけの高い開発効果をもたらすことが出来たのだろうか。それは、パウダースノーに恵まれた良質なスキー場があることや、近年のインバウンドの増加だけでは説明出来ない。

わたしは、二〇一三年度に倶知安町に設置された、「ひらふ高原地域のまちづくりを検討する会(現在は「国際リゾート都市づくり検討会」)」の代表として、ひらふ地区の将来ビジョンや都市整備事業の調整、エリアマネジメントの設立などの活動に関わってきた。活動のテーマは、外国の不在不動産所有者が急激に増加するなかで、どのように地域が主体的にまちづくりに取り組み、国際的な観光リゾートをつくり上げていくかであった。

長く関わっていくうちに、この地域の発展の原動力は、外国人の持つ多様性を地域の魅力発現にうまくつなげていく仕組みにあるのではないかと次第に感じるようになった。まず、地域経済を支える観光の動きから見ていきたい。

ニセコ地域の活発な海外投資

ひらふ地区は、ニセコアンヌプリの裾野に広がる「ニセコグラン・ヒラフスキー場」を中心とするスキーリゾートである。倶知安町にある「ニセコHANAZONOスキー場」や隣のニセコ町にある「ニセコビレッジスキー場」、「ニセコアンヌプリ国際スキー場」とともに、ニセコ地域の一大スキーリゾートを形成している。二〇〇一年のアメリカ同時多発テロを契機に、それまで北米に出かけていたオーストラリアの観光客がやって来るようになり、「パウダースノー」と呼ばれる良質な雪が口コミで広がって急速に来訪者が増えた。さらに、近年は北米や香港、シンガポールなどのアジア圏からの来訪も増えてきている。しかし、ひらふ地区の特徴は、これらの海外からの来訪者の増加とともに、海外からの投資の動きが極めて活発であることだ。

二〇〇〇年代に入ると、ひらふ地区ではオーストラリア資本によるコンドミニアム建設が始まる。オーストラリアでは長い休暇をゆったりリゾートで過ごすスタイルが定着しており、宿泊先は台所やリビング、寝室などを備えたマンションタイプのコンドミニアムが一般的である。こうしたオーストラリア人のニーズを受け止めようと、インバウンド投資によるコンドミニアム建設が進んでいった。後継者がいない経営者がペンションをオーストラリア人に転売する動きも一層投資を促進させていった。最近では香港やシンガポールなどからのコンドミニアムへの投資も活発にあり、投資家も多国籍化してきている。

さらに、ホテル建設の動きも活発である。アメリカのハイアット・ホテルズ・アンド・リゾーツは二〇二〇年に最高級ブランドの「パーク・ハイアット」を開業し、またマリオット・インターナショナルも二〇二〇年にニセコビレッジに「リッツ・カールトンリザーブ」の開業を目指すなど、高級業態でのホテル投資の動きが相次いだ。最近では商業施設への投資や高級ホテル「アマン」の建設計画も進んでいる。まさに、投資が投資を呼ぶ状況が出現してきている。この動きがいつまで続くのか予測はできず、コロナ危機によって減退する懸念もあるが、地域にとって必要なことはこのような投資の動きを受け身ではなく、コントロールしながら主体的に地域の活性化に結びつけていく観光戦略をしっかり持つことである。そこでは、実証的なデータにより投資と消費の動きを科学的に分析していくことが大切である。

消費と投資の好循環

投資による地域経済への効果については、ややもすれば建設投資によるフローの経済効果だけに着目しがちだが、重要なのは投資によるストック効果、すなわち高級なコンドミニアムやホテル建設によって消費単価の高い宿泊容量が大きくなることで、観光消費の受け皿が拡大し、安定的な地域産業の発展、雇用の創出につながる流れに着目していくことだ。建設によるフローの経済波及効果は一過的なものであり、それよりも建設投資によって生み出されたストックとしての宿泊機能の量的、質的な向上こそが長期的には地域に安定的な観光消費をもたらしていくことになり、持続的な観光戦略となるのだ。投資によるストック効果を活かしながら、安定的な観光消費によるフロー効果を生み出していくという好循環の仕組みを観光戦略としてつくり上げていくことである。

具体的なデータで、わたしも関わったいくつかの調査研究の結果から見ていく。まず観光消費の動きを、ニセコ地域(倶知安町とニセコ町)を対象に行われた過去の観光経済効果調査から見ていきたい。二〇〇五年度に北海道経済産業局が実施した「観光産業の経済効果に関する調査」では、ニセコ地域における年間の観光消費額は二〇六億円と推計された。その一〇年後の、二〇一五年度に実施された、「ニセコ観光圏経済波及効果調査」からニセコ地域における年間の観光消費額を推計すると約四八〇億円となる。もちろん両調査の推計手法が異なることから、単純な比較はできないが、一〇年間における消費額の伸びは、二・三倍となっている。この間の北海道全体の観光消費額の伸びが約一・一倍であるから、二倍を超える高い伸びを示していることが分かる。

次に、ニセコ地域における投資の動きを見ていきたい。投資額についての調査データはまったくなかったので、二〇一六年度にニセコ町が実施した「ニセコ町地域経済循環強化戦略策定支援調査」のなかで、わたしも協力して投資額の調査を行った。それによると二〇一一年から二〇一六年の五年間の観光関連の平均建設投資額は約一二二億円であった。内訳をみるとコンドミニアムの建設が六割を超えて、ホテル建設投資が三割弱となっており、投資の九割以上が宿泊施設の建設となっている。あくまで聞き取り調査からの推測であるが、コンドミニアムについては少なくとも七割以上は海外の投資家による資金と思われる。ホテル建設についても、大規模な投資案件はすべて海外からの投資であることを考えると、ニセコ地域においては年平均九〇億円程度の海外からの直接投資があったと推察される。

ここからニセコ地域においては、一〇年間で観光消費が二倍以上に伸び、二〇一五年には四八〇億円と域内生産額の三分の一を占めるほどになったこと、それらの消費の伸びを支えているのが年間一二〇億円程度の観光宿泊施設への投資であること、その投資の内、年間平均で九〇億円程度の投資が海外からの直接投資によるものであるという、おおまかではあるが具体的な消費と投資の関係が読み取れる。特にニセコ地域の場合は、滞在者のニーズに合ったコンドミニアムタイプの宿泊施設が整備されたことが、富裕な外国人観光者を呼び込むことにつながり、それが消費の飛躍的な増加につながるという、循環の図式が生まれている。さらに、宿泊した観光客が今度はコンドミニアムを購入するという、消費が投資を呼び込むという新たな循環の連鎖も生まれてきている。

なぜ、ニセコ地域でこのような好循環が生み出されてきたのだろうか。そこでは外国人の力が大きく寄与している。

活発な投資を支える外国人材

ニセコ地域に海外からの直接投資が集中している要因はいくつかある。パウダースノーに恵まれた良質なスキー場、新千歳空港や札幌に近い立地条件という地域の優位性、外国人による土地取得が比較的容易であることなどが挙げられるが、見逃せないのは、投資資金を安定的に運用していくノウハウや人材がこの地域に存在していることである。建設されたコンドミニアムが安定的な利益、配当を生み出していくためには、所有者が使わない期間は他者に貸し出して安定的に運用していく人材や仕組みが必要である。ニセコ地域には信頼して運用を任せられるスタッフや組織が存在するのだ。このようなソフトなインフラともいえる不動産管理機能を担っているのは実は主に外国人である。

このような外国人は、もともとは観光客として訪問したことが契機で住み着いた人たちだ。ニセコ地域が好きで住み着き、ビジネスを展開していることから、外国人目線によるサービスの提供など、常識にこだわらない挑戦が、他の地域にない魅力を生み出し、それが海外からの投資誘引にもつながっているのだ。

ニセコ地域の代表的な不動産業である㈱ニセコリアルエステートの代表取締役であるベン・カー氏は、ひらふ地区にやってきて二〇年以上になる。東京で商社に勤めていたが、スキーで遊びに来たことがきっかけで移住した。趣味でペンションをつくったところ、外国人が買いたいというので、不動産業に転じた。コンドミニアムは建築コストの割に利回りがよく、ニーズが高いこともあり、ビジネスになると感じたという。彼は自らは不動産屋ではなく不動産業だという。地域の魅力を高めることで、不動産の価値を高めていくビジネスを目指す。一方で、ひらふ地区の将来に危機感も抱いている。地域全体のキャパシティを決め、必要な規制は行い、明確なマスタープランを持たなければいけないと指摘する。

リカルド・トッサーニ氏は、二〇年前に日本にやってきて世界で活躍している建築デザイン、都市計画の専門家であるが、ニセコ地域が気に入り、そこに拠点を置いている。わたしが代表を務める国際リゾート都市づくり検討会にも何度か参加して、世界各地での実践経験を踏まえたアドバイスをもらった。ニセコ地域の醍醐味は、このようなグローバルに活躍する人材が集まっていることだ。

わたしが知るニセコ地域の外国人の多くは、国際化に対応したルールづくりや、国際リゾート地域としてのビジョンを明確に示していくことの重要性を指摘する。ニセコ地域は自然発生的に形成されてきたスキーリゾートで、全体計画を持って開発されてきた地域ではない。だから、無秩序な開発への懸念がある。息長く魅力ある地域として観光客を呼び寄せ、安定した投資の対象としていくためには、目指すべき方向性と開発や規制のルールをしっかり議論して、関係者が共有しながら活動を進めていくことが必要だという。

多文化共生の難しさと醍醐味

ひらふ地区などニセコ地域のまちづくりに長く関わってきて感じるのは、外国人と共生していくことの難しさと醍醐味だ。難しさは、生活習慣の違いや生活ルールの不理解だけでなく、居住の不安定さにある。不在地主が多く、町内会など日常のコミュニティ活動に支障をきたすという問題などから、倶知安町では二〇一四年九月にエリアマネジメント条例が制定された。外国の不在不動産所有者の急激な増加によるさまざまな課題は、既存の役場による行政サービスでは対応できず、国際的な観光リゾート地としての発展に向けては、地域住民が独自に財源を確保しながらまちづくりを進めていく手法が必要だということで、議員提案で制定されたものだ。わが国のエリアマネジメントは大都市部で展開されるのが通例であるが、観光リゾート地域では初めての取り組みだ。実際に住民主体のエリアマネジメントを設立するまでに多くの苦労があったが、実現には外国人の力も大きかった。

わたしは二〇一六年度に倶知安町に設置されたエリアマネジメント推進検討会の座長を務めたが、個々の立場を主張する意見がほとんどで関係者の調整には大変苦労した。そのなかで地域の将来発展の立場から冷静に議論に参加してくれたのは外国人であった。地元で不動産業を営んでいるキース・ロジャース氏は「今のままで良ければエリアマネジメントはいらない。しかし将来に向けた発展を望むなら行政にできない領域を担う新たな主体が必要」と主張は明快であった。結局二〇一七年九月に一般社団法人としてエリアマネジメントは設立された。財源確保は今後の課題として残されたままのスタートであったが、民間デベロッパーが人的支援を行ってくれたこともあり、地道ながら活動を続けている。代表を務める渡辺淳子氏は、「ひらふの魅力を高めるために外国人の力は欠かせない」と語る。

また、わたしは倶知安町の地方創生戦略の策定や施策推進を検討する有識者会議の座長も務めているが、その会議にはイギリスから倶知安町に移住したジュリアン・ベイリー氏が参加している。その会議で彼は、ニセコ地域は日本で一番英語を必要とする地域だ。それをチャンスにしてまちづくりに活かしていくため、「英語が上手なまち」をアピールしていこうという提案をしてくれた。倶知安町の地方創生総合戦略では、英語教育が重要な柱になっている。

ニセコ地域の外国人と話していて感じるのは、ルールや規制への意識の高さだ。例えば、ひらふ地区では二〇〇五年に外国資本による乱開発への不安から、隣の花園地区と合わせて地区内での土地利用制限、建築物の高さ制限など、景観に配慮した建築物のルールを住民と行政が一緒になって議論してつくり上げたことがある。実は、このような自主ルールの存在が、外国人の投資家たちに高く評価され、その後の安定した投資に結びついている。規制が良質な投資を呼び込むのだ。また、ニセコ地域では、バックカントリースキーヤーの安全のために「ニセコルール」という独自の自主ルールが決められており、それが安心して滑れるスキー場としての評価を高めている。長期的なビジョンのもとにしっかりと開発をコントロールしていくことが、実は海外からの投資を呼び込むインセンティブになっている。このようなルールと規制の必要性は外国人から多く聞く。

ニセコ地域にはじめてラフティング(ラフトという小型のボートで川下りをするレジャースポーツ)を広めたのは、オーストラリアからきたロス・フィンドレー氏だ。彼は、最初、渡辺淳子氏が経営する飲食店「グラウビュンデン」で働いていたが、ニセコ地域の安定的な発展のためには夏場の需要開拓が欠かせないとラフティングを始めたという。

ニセコ地域が好きでやってきた人たちが、地域の新たなビジネスやまちづくりの担い手として活躍している姿を見ると、外国人の発想と実践力を活かすことの大切さを感じる。しかも彼らは、世界中に情報を発信して新たなインバウンド需要や新規投資を呼び込んでいる。

これからは外国人労働者をほとんどの地域で受け入れることになるだろう。そのためには総合的な移民政策を正面から議論していかなくてはいけない。そこでは、対策という視点だけでなく、積極的に外国人の力を活かしていく前向きな検討が欠かせない。もちろん、文化、言語、生活習慣の異なる外国人と一緒に働き、暮らしていくためには乗り越えていかねばならない多くの壁がある。それらの壁を真摯に越えていく営みのなかから、共生社会の魅力が生まれてくることをニセコ地域の動きは教えてくれる。その教訓は、社会的に弱者の立場にある障害者、高齢者、子どもたちなどとの共生に向けても当てはまるものだ。

第4章

連帯のダイナミズム

つながりと信頼が生み出す力

冬月荘での勉強会　生活保護受給世帯の子どもたちは，将来生活保護を受給する確率が高いと言われる．世代間の貧困の連鎖を断ち切るために，釧路市ではじまった独自の勉学指導の取り組み．

わたしのこれまでの地方での活動をふり返ると、やはり楽しい思い出は、地方の人々と一緒に活動して手ごたえが得られたときであった。困難な問題であっても、立場や仕事を超えて手を結び、信頼しながら一緒に協力して何とか成し遂げることが出来れば、その醍醐味は大きい。しかも、お互いの顔が見える広がりの地方では、大都会よりも手をつなぎやすいというのは大きな武器となる。その優位な点を活かしていく姿勢が大切だろう。ここでは、協力、信頼、つながりから生まれる「連帯の力」とは何か。それをどのように地方の課題解決や活性化につなげていけるのか、いくつかの経験から考えていきたい。

経済の活動は市場メカニズムで動いており、それは競争の原理だ。競争というのは相手を負かさなければ、自分が浮かび上がらない。だから、そこでは協力、信頼というのはややもすると相反する原理にも見える。しかし今、日本の社会が直面している問題の多くを、一人だけで、また一企業だけで解決していくことが難しいことも事実だ。大切なことは、連帯することが、地方の活性化の大切な手法であり、それが地方の力になることをお互いに自覚し、理解しあうことではないか。そう感じている。

第1章で紹介したように、「ソーシャルキャピタル」という言葉が世界のなかで広まってきている。人と人とのつながり、人間関係をしっかりしたものにしていくことが大切な社会資本であるという考え方は、これから重要だ。地域の課題解決とともに、新たな創造力の提起に向けて、つながりの力、連帯の力を醸成していく必要があるだろう。

一　生活保護から自立へ——釧路市発の自立支援策

ここで紹介するのは、釧路市で始まった生活保護の自立支援に向けた挑戦である。地域の連帯力を活かした独自の仕組みをつくり出して、生活保護から自立して就労するという、難しい政策課題に解決の道筋を見出したのである。地方の人々が模索しながら難題に取り組み、答えを見出していったストーリーは「釧路モデル」として大きな反響を呼び、さらに国の政策へとつながっていった。中央の論理では解決できない課題に対して、柔軟な地方の知恵と行動力でその答えを導き出した点で、多くの地方に自信をもたらした事例でもある。

保護から自立へ

釧路市において生活保護の自立支援に向けた取り組みの契機になったのは、二〇〇四年に厚生労働省から釧路市へ生活保護受給世帯の自立支援に向けた検討を行うための補助事業を実施するよう要請があったことだ。生活保護制度は、憲法二五条の「健康で文化的な最低限度の生活を営む権利(生存権)」を保障するために設けられた、「最後のセーフティネット」とも呼ばれる制度である。年金や医療、介護の仕組みが保険料を財源にしているのに比べ、税金を財源としており、国の責務として進めていかなければならない政策だ。費用負担は国が四分の三、地方自治体が四分の一となっている。当時は、生活保護受給世帯が増加しているなかで、小泉純一郎政権による三位一体改革が進められていた時期で、生活保護費の負担率の改定をめぐって国と地方が激しく対立していた。生活保護率は地域によって大きな差がある。そこで、国は保護率の高い地域に対して、他の低い地域と比較して努力不足を指摘した。一方の地方は「失業率、高齢化率などの違いにより地域差は当然生じる」と反論する対立の図式が続いていた。しかし国としては、小さな政府を目指す動きのなかで、財政負担の大きい生活保護政策については、何らかの政策転換を図りたいという強い姿勢を崩さなかった。このような状況で、厚生労働省としては生活保護給付の削減、すなわち受給世帯の自立を支援する政策に重点を置くようになった。そこで白羽の矢が立ったのが釧路市であった。

生活保護率はもともと地域差が大きいが、釧路市は飛び抜けて高かった。当時のデータ(二〇〇四年度)でみると、生活保護を受けている人の人口に占める割合(保護率)は、全国平均は、一・一一%であるが、北海道は高く、二・二九%と二倍を超えていた。都道府県別でみると北海道は大阪府に次いで第二位と高く、なかでも釧路市は、四・〇〇%と極めて高い保護率であった。さらに、釧路市は、母子世帯の割合が全国平均の約二倍の一・七八%と大変高かった。生活保護を態様別にみると、高齢者や病気・障害のある人に比べて母子世帯は就労できる可能性が高い。このような状況から、母子世帯の自立支援に向けた政策検討のモデル地域として釧路市が選ばれたのである。

しかしながら、これは生活保護政策に関わる釧路市の関係者にとっては大変厳しい要請であった。保護率の高さの背景にはさまざまな社会的、経済的な要因がある。当時の釧路市は、基幹産業であった石炭、水産、製紙・パルプ産業がすべて衰退してきていた。特に二〇〇二年の太平洋炭鉱の閉山により多くの離職者が生まれ、地域経済は一気に疲弊し、そこから生活保護率も上昇していた。そのなかで、どのように生活保護から就労に向けた自立策を講じていくことが出来るのか、誰も解決の道筋が見えないなかで国からの補助事業は決まっていく、という状況であった。

大学の研究プロジェクト

当時わたしは、釧路公立大学の地域経済研究センター長であった。地域経済研究センターは、地域の課題解決に向けた調査研究機関として一九九九年に設立され、わたしは初代のセンター長として活動していた。地方にいると幅広い分野の問題が持ち込まれるが、生活保護の問題は、わたしがこれまで経験したことのない分野のテーマであったので正直戸惑った。釧路市の福祉担当の部長がやってきて、厚生労働省から、生活保護の自立支援の取り組みに向けて補助事業を実施するので是非協力してほしいという要請があったが、どのように対応したらいいか、大学の協力を得ながら何とか取り組んでいきたい、という相談を受けた。二〇〇四年の春のことだ。

当時は地域経済研究センターの活動も五年が経とうという時期で、研究プロジェクトの経験もある程度積み重ねていた。その経験から、わたしはテーマごとに外から専門家や関係者を幅広く集めて研究チームを組織し、共同で研究活動を進めながら解決に向けての方向と方策を見出していくという、いわば「やわらかな連帯」による研究スタイルを採用していた。個人ではなくチームの力で解決していくやり方である。

釧路市の生活保護の実務担当者をメンバーに入れた研究チームを組織し、主に生活保護受給世帯の現状、分析を行う基礎的な実態調査を中心にした研究プロジェクトを引き受けることにした。幸い大学の中に労働政策を専門とする研究者がおり、また教育学の研究者も参加し、わたしも地域経済、地域政策の立場とともにプロジェクト全体を総括する役割で参加した。そして、自立に向けた方策を探り出すためには、生活保護受給者に直接向き合っている人たちの目線が欠かせないことから、福祉事務所のケースワーカーと呼ばれる実務担当者五名にも研究員として研究プロジェクトに参加してもらうことにした。このように大学としても釧路市に要請のあった補助事業の一部を担うことになった。

中間的就労

検討の主体となるワーキンググループは釧路市が立ち上げた。どのような支援をすれば生活保護を受けている母子世帯は自立していけるのか。社会福祉団体やＮＰＯ関係者、大学研究者、民間人など幅広い人たちがワーキンググループのメンバーとして参加し、時間をかけて粘り強い議論を重ねていった。

ワーキンググループでは、これまでにない視点でのアイデアや幅広い視野で議論が展開されていった。特に外の人たちを巻き込んでいきながら就労支援の輪を広げていくことが大切だという声が強くなり、これまで生活福祉事務所とは付き合いのなかった関係者にも声をかけて自立支援のかたちをつくり上げていった。その試行錯誤のなかから生まれてきたのが、モデル事業として取り組んだ「中間的就労」という支援スキームである。

母子世帯にとって、通常のハローワークを利用してすぐに就労にたどり着くことは困難なのが現実である。生活保護受給者は心理的な負担や外に出ることのつらさなどから、ややもすればひきこもりがちになる。すぐに正規の就労のステージに入っていくのはなかなか難しい。「中間的就労」は、その前段階として、ボランティアやパートなどのかたちで、少しずつ仕事に慣れていくための機会を、地域の創意工夫でつくり上げていく仕組みである。少しでも就労に慣れる予備的な段階があることが、結果的にはスムーズな自立につながるのではないかという発想である。ワーキンググループでの検討結果をもとに取り組まれたものだ。生活福祉事務所のスタッフたちは、支援を受ける側の立場を分かっていたので、ていねいに施策を進めていかなければ成果は挙がらないことをすぐに理解した。そこで、多様な現場の状況も踏まえて、「生活型」世帯、「就労型」世帯、「養育型」世帯というように、支援事業を細かく三つの形態に分けて、中間的な支援のかたちを探っていった。

二カ年にわたる中間的就労に向けた取り組みの成果は、直ちに生活保護率の減少に結びつくものではなかったが、多くのプログラムに参加した受給者からは、就労に向けた意識を持つことが出来るようになったという声が寄せられた。さらに、就労機会の創出に向けて、ケア施設などの介護事業所や障害者支援のＮＰＯ施設、さらに医療施設など地域の幅広い施設、機関が参加して、地域みんなで一緒に就業体験を進めていったことで、生活保護に向き合う機運が地域全体に生まれてきたように感じられた。

これらの自立支援プログラムを立ち上げていく中心になったのが、当時釧路市保健福祉部生活福祉課第二課長補佐で生活福祉事務所長補佐を務めていた櫛部《くしべ》武俊氏だ。生活保護からの脱却の難しさを肌で感じながらも、ワーキンググループメンバーの厳しい注文に何とか応えていこうと、地域の幅広い機関や施設を駆け回って、中間的就労の具体的な姿を模索していった。それまで縁のなかった民間企業や医療機関などを訪問すると、「厳しい経済環境の下では、みんなが一緒に協力して、連携していかなければやっていけないだろう」という声が先方からも寄せられたという。このような地域内の応援、手応えを感じながら、「新たな就労のかたち」がつくられていったのである。中間的就労は、地域が連帯して支え合う仕組みとして、草の根から生まれた内発的な政策手法といえるだろう。

中間的就労による自立支援事業は、補助事業として実施した二年間のモデル事業を終了した後、さらに本格的に展開されていくことになる。通常、国の支援によるモデル事業は、補助が終了すると、停滞してしまう事例が多いが、釧路市の自立支援プログラムは、逆にその後本格的に展開されていく。対象者を母子世帯以外にも拡大するとともに、プログラムのメニューも広がっていった。ハローワークとの連携も進めながら資格取得講座の受講を支援し、民間企業の受け入れも始まり、公園管理や動物園の管理の補助業務などの野外活動も取り入れていった。母子世帯以外の男性の受給者はデスクワークに馴染めない人が多く、戸外での労働、特に公園管理のボランティアには多くの人が参加して、その後の自立支援プログラムの柱になっていった。

これらの中間的就労という視点と幅広い地道な支援メニューは、これまでの国の生活保護政策の発想からはなかなか出てこなかったものだ。その理由は、これまで国が求めてきた「自立」はあくまで生活保護からの脱却という成果であり、脱却するためにどのような施策が必要で有効かということを受給者の視点から考察していくことには関心が向かなかったからではないだろうか。そこには、厳しい財政環境の下で福祉政策を進めていかなくてはいけない中央の呪縛があるようだ。中央から離れた地方において「受給からの脱却」という呪縛から解き放たれた環境のなかから、自立に向けた多様な支援メニューが施策として登場してきたことは、わたしにとっても地方の力強さを感じる研究プロジェクトであった。
そして、その取り組みに全国から関心が寄せられる大きな契機が訪れる。

ワーキングプア　解決への道

釧路市で地道に進められていた中間的就労による自立支援プログラムが、二〇〇七年一二月一六日に放映された、NHKスペシャル『ワーキングプアⅢ――解決への道』で取り上げられたのである。

ワーキングプアが、社会問題として大きく注目されるようになったきっかけは、二〇〇六年七月に放送された、NHKスペシャル『ワーキングプア――働いても働いても豊かになれない』であった。引き続いてその年の一二月に放送された『ワーキングプアⅡ――努力すれば抜け出せますか』とともに、大きな反響を呼んだ。どれだけ働いても生活保護水準以下の所得しか得られない多くの人たちがいること。いつのまにか非正規雇用が増えている現実に、日本にも貧困問題があることがクローズアップされ、大きな衝撃を与えた。これらの番組を見た人からの、それではどうしたらいいのかという問いかけに何とか答えようと制作されたのが、第三回目の『ワーキングプアⅢ――解決への道』であった。ワーキングプアの解決策の糸口を見つける番組で、国内でたどりついたのが釧路だったのである。番組スタッフが特に注目したのが、自立支援プログラムの中間的就労の仕組みであった。一歩ずつステップを踏みながら仕事をしていく。その人のペースで自立を目指し、安易に見放すことはせずに、自立するまでの所得保障はしっかり行うという進め方、考え方に共鳴してくれたのである。焦らずに受給者を孤立させないよう、受給者の目線で政策を構築した姿勢が評価されたといえる。しかも、プログラムが始まってから、釧路市では収入の増加を理由に生活保護の受給を終える世帯が二〇〇二年度から二〇〇六年度で世帯数で三倍を超えて増加していた。現実にワーキングプアから脱出する人が増えたという実績からも、より説得力のある解決の道の事例として紹介されたのである。

この番組の反響は大変大きかった。それまでは、地元でも特に関心を持たれることがなかったが、急に全国からの問い合わせや視察、見学が増えた。福祉政策に関わる行政関係者や研究者の訪問も急激に増えていった。働いても貧困から抜け出せないというワーキングプアについては、雇用制度、社会保障制度の課題、年金や医療問題などさまざまな大きな問題が複雑に絡み合っており、誰もが簡単に解決の道筋を示すことはできないだろうと思っていた。それが、北海道の地方都市のささやかな独自の挑戦にそのヒントがあるというNHKの報道の反響は非常に大きかった。また、国が主導して進めていく硬直的な政策を打破していく挑戦の姿にも同じ悩み、思いを持つ全国の地域から応援の声が寄せられた。

例えば、二〇〇九年一〇月には、全国規模の福祉セミナーが釧路市で開催された。全国から、福祉政策の研究者や関係者が集まり、総会には七〇〇名を超える人数が参加し、釧路では珍しい大規模なイベントとなった。いつの間にか福祉の取り組みで釧路の名前が知れ渡っていたのだ。

わたしもセミナーで講演する機会を与えられ、「福祉政策から地域政策へ」というテーマで話をした。それまで福祉政策には門外漢であったわたしがこの研究プロジェクトに関わるようになって感じたのは、生活保護の問題を福祉政策の枠組みだけで議論することの限界であった。特に就労に向けての自立支援は、幅広い分野の政策と関連しており、生活保護問題をむしろ地域政策として考察していくことが必要だと考えるようになっていた。

福祉政策から地域政策へ

中間的就労が注目されるなかで、わたしは、その仕組みをより安定的なものにしていくためには残された大事な課題があると考えていた。それは、自立に向けた施策を地域が主体的に担える環境条件をつくっていくためには、思い切った地方自治体への権限移譲と福祉の領域を超えた、幅広い政策分野との連携が欠かせないのではないか、ということである。

二〇〇一年四月に小泉政権が発足し、「官から民へ」「国から地方へ」といった大きな構造改革政策が進められた。地域政策のレベルでも構造改革の一環として、市町村合併や三位一体改革、さらに構造改革特区制度、都市再生や地域再生などの規制改革や補助金改革などが展開された。これらは、厳しい政府財政環境を背景に、中央依存から地域の自立的な発展へと転換していく政策転換の動きでもある。

「地方のことは地方で」という構造改革政策の基本姿勢によって、地域活性化の政策分野においては徐々にではあるが、地域の裁量の範囲を拡大する方向に進みつつあった。この動きを地域が効果的に受けとめるためには、国の政策部門のタテ構造から脱却することができるかどうかが重要である。地方自治体の受け手が国と同じ部門の枠組みで思考している限り進化はない。地方の機動性を活かした、他部門との有機的な連携によって、地域特性に合った政策展開ができるかどうかが鍵となる。

わたしたちの実態調査が示した結果は、生活保護を受けている母子世帯においてはその多くが働く意思を有しながらも、就労機会に恵まれないか、十分な就労環境が得られていないという現実である。さらにその背景として、地域経済、雇用環境の厳しさ、近隣扶助意識の希薄さなど、多くの地域独自の要因が交錯している。このような問題を画一的な政策手法で解決していくことは容易ではない。単に生活保護政策、福祉政策の枠組みだけで解決できる問題ではなく、雇用政策、産業政策、教育政策等幅広い分野のタテ割り政策をいかに地域のフィールドの中で連携させていくか、横糸としての地域の総合政策として受けとめていくという視点、姿勢が必要である。

生活保護制度の政策としての特徴は、他の社会保障制度では救済できない、いわばすき間を埋める「最後のセーフティネット」としての役割を果たしている点にあるといわれている。これは、政策の守備範囲から見れば、生活、医療、介護、住宅、教育、就労という国民の生活の広範な政策分野に関わっている。したがって、本格的な自立支援を目指すならば、一層他の政策分野との複雑かつ機動的な調整が求められることになる。

そこで大切なのは、国と地方自治体との政策分担である。地域に密着した政策を展開していくためには自治体への思い切った政策権限の移譲が必要であるが、特に社会保障政策、雇用政策の分野ではあまり進んでおらず、今後の課題として残されているように感じている。例えば、当時は生活保護受給者が自動車を持つことはたとえ安い軽自動車でも許されなかった。わたしは釧路で自動車を持たずに就労することがいかに難しいかは身をもって分かっていたので、画一的な基準が国から示されて、自治体の裁量で認めることはできない状況が悲しかった。

貧困の連鎖

大学が行った研究プロジェクトでは、生活保護受給の母子世帯のアンケート調査、ヒアリング調査を実施したが、わたしにとって衝撃的だったのは、子どもの教育、進学に関する内容であった。生活保護受給の母子世帯の子どもたちは、進学面で明らかに不利な立場に置かれており、世代間の貧困の連鎖が生まれる可能性があるという結果が示されたのだ。子どもをめぐる悩みについてのアンケートでは、子どもが小学校の高学年以上になると「教育・進学」が最も大きな悩みとなっている。しかも、「子ども部屋の有無」、「家庭教師や学習塾・習い事」、「教育資金の調達の困難さ」などの教育環境面の設問では、生活保護を受けていない世帯との格差が歴然で、せめて高校進学までという希望を持ちながらも、進学のための費用の見通しがたっていない家庭が多い。限られた収入と社会からの偏見や差別、不十分な家庭環境のなかで子育てをしなくてはならず、いじめや不登校の割合も高く、その環境は厳しいといわざるを得なかった。アンケート結果では、中学生の子どもが年三〇日以上欠席した比率が、非受給者では〇%であったが、職を持たない生活保護受給者の家庭では四〇%に達していた。生活保護からの自立に向けては、世帯主の就労支援はもちろんだが、子どもたちの円滑な進学を阻止する多くのハンディキャップを取り除かなければ、次の世代に貧困がつながってしまうことが見えてきた。生活保護を受給しながら育てられた子どもたちが成人になっても生活保護を受給する確率が高いということは、将来の日本を担う世代の力を弱めることだ。

この結果を受けて釧路市では、自立支援に向けた取り組みとともに、独自の活動が始まった。生活保護受給の母子世帯で、高校受験を目指す中学生を対象にボランティアによる勉学指導が行われるようになったのだ。先ほどのアンケート結果にもあるように母子家庭の進学で重要なのは中学三年生の高校進学時の勉学環境だ。そこで、二〇〇八年から大学生や社会人が講師になって、中学三年生の子どもたちを教える勉強会が始まったのである。場所は、地元の障害者支援などに取り組むNPO法人「地域生活支援ネットワークサロン」が開設したコミュニティハウス「冬月荘」である。当初は生活保護受給の母子世帯だけであったが、次第に保護を受けていない世帯の子どもたちも参加するようになり、回数も増えていった。釧路公立大学の学生もチューター（講師）としてこの事業に参加した。参加した学生のなかに母子家庭の子がいたが、彼は勉強以外の悩みや相談にものることができたと言って手ごたえを感じていた。もともと勉強の場ではあるが、気楽に集うことができる幅広い交流の場になり、結果的に進学の意欲を高めていくという相乗効果を生み出していったようだ。

勉強会の場となったコミュニティハウス「冬月荘」は、もともとは電力会社の社員寮だった。それをNPO法人「地域生活支援ネットワークサロン」が買い取って、厚生労働省の補助金を活用しながら、新たな福祉の拠点として、障害者、生活保護受給者や高齢者、児童など、既存の福祉行政の枠を超えてさまざまな人が集う場となった。さらに、施設運営を担う人たちの就労の場にもなり、次第に福祉の新たな拠点として注目され、全国から研究者や福祉関係者の視察が相次いだ。

「冬月荘」を運営するNPO法人「地域生活支援ネットワークサロン」を立ち上げた日置真世氏は、中間的就労に向けた検討ワーキンググループのメンバーでもある。重度障害のお子さんを育てながら、障害者支援のネットワークづくりを進め、そこから幅広い地域福祉全般について活動展開している地域リーダーで、冬月荘はその活動拠点の一つだ。「地域の課題を宝に変えて楽しく地域づくりをする」という日置氏の前向きな姿勢と実践力には、わたしも大いに刺激を受けた。

このような釧路モデルともいうべき中間的就労や冬月荘など独自の取り組みは、その後国の政策にも反映されていくようになる。

生活困窮者自立支援へ

その後、国は二〇一三年に生活保護法を改正して、福祉事務所とハローワークとの連携による就労に向けた自立支援や、不正・不適正受給対策の強化、医療扶助の適正化などの措置を図るとともに、新たに生活困窮者自立支援法を制定した。これまでの生活保護制度に加えて、生活困窮者の社会参加と就労を通じて生活向上を図っていく新たなセーフティネットのスキームを構築したのである。生活困窮者自立支援制度と生活保護制度の両輪により、生活困窮者に対する支援体系は重層的なものとなった。

生活困窮者自立支援法の制度設計の検討については、社会保障審議会に設置された「生活困窮者の生活支援の在り方に関する特別部会」において、二〇一二年から、生活困窮者が抱えるさまざまな課題や、生活困窮者対策に関する具体的な制度のあり方について議論が重ねられた。そこには釧路市生活福祉事務所で自立支援に取り組んだ櫛部氏も委員として参加して、釧路市における実践的な経験を伝えながら制度設計に関与していった。釧路市で実践された中間的就労や勉学支援などの独自の経験が釧路モデルとして注目されていったのである。

生活困窮者自立支援法の制定により、福祉事務所のあるすべての自治体は、就労その他の自立に向けた包括的な相談支援として、「自立相談支援事業」を実施することになった。これらは、自治体で直営してもいいし、社会福祉協議会や社会福祉法人、NPO等への委託も可能である。また、離職により住宅を失った生活困窮者等に対する家賃相当の有期の「住居確保給付金」の支給や自治体ごとに任意で行う事業として「就労準備支援事業」がある。さらに、「一時生活支援事業」、「家計相談支援事業」、「学習等支援」等の事業メニューがある。中間的就労の仕組みや学習支援など釧路で取り組まれた自立支援プログラムと同種のメニューも含まれている。国の政策だけに、しっかり体系化された施策になっているが、大事なことはどこまで現場で効果を出していけるかであろう。

根幹となる自立相談支援事業は、生活保護に至る前段階で早期に支援することを目的にしたもので、ワンストップ型の相談窓口拠点を置き、訪問支援(アウトリーチ)を含め包括的な支援を行うことを目的にした重要な施策だ。自立相談支援事業については、二〇一五年に法律が施行される前に多くの地域でモデル事業が実施された。わたしも二〇一四年度に札幌市が実施した自立相談支援事業について検討を行う生活困窮者自立支援ネットワーク会議に幹事長として参加したことがあるが、個々人の抱える課題に対して、幅広い支援に関わる機関や関係者をつなげていく難しさを痛感した。特に難しいのは、自治体の内外にタテ割の構造が強くあるなかで、包括支援に向き合う横断的な連携、調整を進めていくことだ。そのときに、参加者から釧路ではなぜうまくいったのかという質問を受けることがあった。常に受給者を孤立させないように心がけ、焦らずに、受給者の目線で独自の自立支援プログラムを実践していった釧路市のケースワーカーの事例を紹介し、答えに代えた。明快に答えることができないところに自立支援の政策の難しさがあり、それだけに時間をかけて検証と再構築を積み重ねていく覚悟が必要だろう。

(一社)釧路社会的企業創造協議会の活動

釧路市の櫛部氏は、二〇一一年三月に釧路市を退職した後も自立支援の活動を実践している。厚生労働省所管の研究会や審議会部会の委員として活動するほか、一二年四月には(一社)釧路社会的企業創造協議会を立ち上げて副代表に就任し、自立を目指す人たちに仕事を与える「仕事起こし」にも携わっている。福祉事務所の職員としての立場ではできなかった領域に、退職後に民間人としてチャレンジしていく、その自立支援に向けた姿勢は一貫している。

(一社)釧路社会的企業創造協議会の業務で興味深いのは、就労に向けた一定の収入が見込める業務として整網作業に着目したことだ。整網とは漁業で使う網の仕立て作業である。漁業は釧路地域の基幹産業であるが、整網の現場は高齢化が進み、担い手不足により業界の存続が危ぶまれていた。しかも整網は機械化が難しく、手作業に頼るしかない。そこで中間的就労の業として整網作業が定着していけば、地域の基幹産業の安定化にもつながるという相互のメリットがあるのだ。中間的就労での地域をつなぐ経験が、地域産業の課題解決にもつながったように感じた。一人でも多くの人が地域の課題に対してどのように解決していくべきかという問題意識を持ち、またその感度を高めていくことが、地域の連帯力を強くしていくのだろう。

（一社）釧路社会的企業創造協議会の事務局長を務めている相原真樹氏は、神奈川県の出身で大手企業のサラリーマンだったが、釧路勤務を契機に釧路が気に入り、永住を決めた。若い人をつなぐネットワークづくりがうまく、わたしが二〇〇八年度から手がけた、（公財）秋山記念生命科学振興財団のネットワーク形成事業の支援を受けた社会起業研究会の活動を手伝ってくれた。社会的な課題をビジネスの手法で解決していくというソーシャルビジネスの理念に共鳴して、自らも社会起業家として活動している。現在は、櫛部氏と一緒に中間的就労に向けたモデル事業を進めている。相原氏は「自立や支援には手間暇がかかるが、つながりを高めていくことで道が開ける」と語る。一人ひとりが抱える課題は多様だが、長い実践から連帯によって解決への道筋が見えてくる手ごたえをしっかり感じているようだった。

釧路で始まった中間的就労の取り組みを支えたのは、信頼、つながりから生まれる地域の連帯の力である。それは、地域の課題解決だけではなく、地域に新たな事業を創造していく力でもある。

二　地方文化の発信――デジタル書籍から広がる連帯の輪

インターネット技術の発達や、スマートフォンなどの携帯機器の幅広い普及により、我々の経済活動や社会システムは大きく変化してきている。コンピューターの処理能力の飛躍的な向上や記憶容量の拡大、さらに無線通信の帯域拡大などの情報通信インフラの整備により、大都市圏から離れた地方においても自由に情報が入手できるようになり、通信コストの格差が解消されたことは、地方にとっては画期的なことである。しかし一方で、大きな懸念もある。それは中央からの情報ばかりがあふれ、地方独自の個性や文化が失われてしまうのではないかという不安である。

特に一〇年ほど前から始まった書籍のデジタル化、電子書籍化の動きは、地方では大きな危機感をもって受けとめられた。当時の象徴的なできごとに国立国会図書館が積極的にデジタル化を進めたことがある。「国立国会図書館の持っているデジタル資料をネット経由で日本中に提供していく」という当時の長尾真国立国会図書館長の強いメッセージは、地方の図書館関係者にとっては衝撃的であった。国がデジタル化を進めて最終的には地方の図書館をすべて廃止してしまうのではないかという懸念の声も聞かれた。現実に、それまで年間せいぜい一、二億円程度であった国立国会図書館のデジタル化の予算が、二〇〇九年度の第一次補正予算で一挙に一二七億円に増額されたことには驚いた。国立国会図書館で始まった電子書籍化の動きは、次第に紙の出版物が書店や図書館から消えていくことへの不安にもつながっていったのである。

そのようななかで、北海道において、書籍を巡るデジタル化の波を正面から受けとめて、地域内の連帯の力によって解決していこうという新たな挑戦の動きが出てくる。二〇一三年に設立された(一社)北海道デジタル出版推進協会(以下「HOPPA」)だ。危機感をバネに、北海道におけるデジタル出版、デジタルコンテンツの流通を通して北海道文化の発信、さらに地域経済の活性化を目指す理念を掲げた活動である。ここではHOPPAの設立、活動の背景を追いながら、地方文化の発信に向けて広がっていく連帯の輪がどのように形成されていったのかを探っていく。

立ち上がった地方の小さな出版社

書籍の電子化の波は大手の出版業界にとっても予想以上の大波であった。アマゾン社の「Kindle」やアップル社の「iPad」が登場し、さらにネット通販によって電子書籍が急速に拡大していくことに出版大手も危機感を抱き、二〇一二年には講談社、新潮社、文藝春秋など大手出版社が共同で出資して、出版デジタル機構を設立した。デジタル技術のノウハウや法制度面などでの対応策を共有しながら大手出版社が電子書籍市場への参入を進めていったのである。しかし、地方の中小の出版社がこの輪に入ることはできなかった。出版社が単独で電子書籍化を進めていくことは至難である。電子書籍にするには、著者と電子出版の契約を結ぶ必要がある。また、印刷用データを電子書籍の国際規格データに変換する作業が必要だ。さらに取次事業者との交渉を経て、ようやくスマートフォンやタブレット、パソコン端末の「電子書籍ストア」に並ぶことになる。地方の出版社が単独でここまで担うのは大変だ。しかし、手をこまねいていては押しつぶされるだけである。小さな出版社が手を結ぶことでなんとか解決していこうと、二〇一三年六月に北海道でＨＯＰＰＡが立ち上がった。

きっかけは、札幌市中央図書館における電子書籍貸出サービスの実証実験である。もともと札幌市中央図書館は全国の公立図書館の中でも電子書籍化の取り組みを先駆けて進めていた。

二〇一一年度に実施された実証実験は、将来に向けて公立図書館が電子書籍の提供サービスをどのように実現していけばいいのか、そのノウハウや課題を探るために実施されたものである。電子書籍化が進んだ場合は、デジタル化の技術だけでなく、貸出サービスの仕組みや地域独自のコンテンツの供給、受け入れについて、地元出版社、図書館、利用者の円滑な関係づくりが必要である。それらの課題やルールづくりに向けて、関係者が協力して実証的なモデル事業を行った。その結果、①図書館利用者の電子図書館への期待が大きいことや、②地域コンテンツの充実、改善の希望が多いことなどが明らかになり、電子書籍化に対して、地方としても取り組んでいける可能性があること、地方文化の発信を担っていくためには、やはり地元出版社の役割が重要であるという認識が次第に関係者に生まれてきた。

この実証実験には地元の出版社一六社が参加した。当初は、著作権の処理などに不安を感じる企業もあったが、結果的に約二〇〇冊の本を新たに電子化することができ、電子書籍化の手ごたえとメリットを実感できた。特に、ハードルが高いと思っていたデジタル技術を使って、自社の出版物を地域に発信する醍醐味を共有できたことは大きな成果であった。同じ時期に全国レベルで動き出した出版デジタル機構のねらいが新たなビジネス市場を目指すものであったのに対し、北海道の動きはビジネスだけでなく、地方からの独自の文化の発信が失われていくことへの危機感がモチベーションとなって連帯のエネルギーを生み出したように感じている。

HOPPA

この実証実験は北海道だけでなく、国内の多くの自治体から注目され、メディアでも取り上げられた。参加した出版社からは、「せっかく得たノウハウを図書館への提供だけに終わらせず、北海道内の電子書籍ビジネス構築に活かしたい」という声が出てきた。そこで、この機運をなんとかかたちにしていこうという動きが出てきたのである。二〇一二年の秋に、実証実験に参加したメンバーを中心に「さっぽろ電子書籍流通検討会」が結成された。参加したメンバーの気持ちは、アマゾンやグーグル、アップルなどの外資大手も参入する電子書籍の大海に埋もれてしまうのではなく、札幌から地方発の独自の電子書籍の流通モデルを構築していこう、そのためには地域の出版社が一つになって取り組んでいく必要があるというものであった。

検討会の運営の実質は、実証実験の担い手でもあった札幌市中央図書館が担い、その中心となったのが、当時の業務課情報化推進担当係長の淺野隆夫氏である。淺野氏の思いは、中央からの指示ではなく、地域からの主体的な発信を地域の出版社と公立図書館が連携して仕掛けていけないかというものであった。その淺野氏から知人を通じて検討会のアドバイザーとしてわたしに参加してほしいという要請があったのが、二〇一二年の夏であった。ちょうどわたしは、釧路公立大学での勤務を終えて、北海道大学で活動を始める時期であった。中央発ではない新たな地方からの挑戦の動きであることに共感し、札幌での新たな地域活動として喜んで引き受けた。結果的に、その後わたしはＨＯＰＰＡの理事になり、今日までこの活動に参加している。

検討会の運営を進めていく上では、大日本印刷が協力してくれたことが大きかった。大日本印刷は、実証実験の段階から電子書籍化に向けた技術的な指導や流通面の支援をしてくれた。当時大日本印刷は電子書籍化に向けた「honto」ビジネスの展開を目指していた。電子書籍ストアだけでなく、紙媒体の本の通販ストア、さらに書店も組み込んだデジタル時代の新しいスタイルの本のサービスモデルの構築を目指すもので、そこからは地方が有する潜在力を発掘していきたいという意欲が感じられた。honto ビジネス本部の盛田宏久部長(現在は、教育ビジネス本部副本部長)は、「デジタル技術を使えば、食や自然の素晴らしい北海道の魅力を一層発信できる可能性がある」と当初から関心を示してくれた。地方の活動において、中央の大手企業との連携は重要である。市場競争で磨き上げられた技術、ノウハウを有効に活かしていくことで地方が抱える課題の解決につながるケースは多い。検討会においても、東京の出版社の取り組み事例や、権利許諾や制作、販路等の制度的な課題解決に向けた貴重な情報を提供してくれた。

さて肝心の地元出版社の参加であるが、二〇一二年一〇月に開催された第一回の検討会には地元出版社一一社が参加してくれた。実証実験にコンテンツを提供したのが一六社であることを考えると参加数は少なかったが、やはり、これまで紙による出版を営んできた地方の出版事業者にとって電子書籍に向けた取り組みに自社だけで挑戦するのは荷が重いと感じたところがあったようだ。その後の検討会における最大のテーマは、だれが検討会を主導していくかということであった。札幌市中央図書館やアドバイザーのわたしはあくまで協力者であり、電子書籍を作成する出版社から船長を選ばなければ航行は難しい。先行きを考えれば尻込みするのが当たり前の状況で、「中小の出版社がしっかり手をつなぐことで必ず生き残っていける」と手を挙げてくれる人が出てきた。中西出版の林下《はやしした》英二社長である。中西出版は、すでに二〇一〇年に絵本『おばけのマール』シリーズをアップル社の「iPad」向けに配信し、二〇一一年には電子書籍専門店「ブック・ネット北海道」を開設するなど、北海道では電子書籍に実績のある企業であったが、それだけに事業運営の厳しさは分かっていたと思う。しかし、中央への流れを食い止め、地方の出版文化を守るために立ち上がってくれたのである。

このような経過の下で、二〇一三年六月に、一一社が会員となり林下社長が代表理事となってＨＯＰＰＡが設立された。ＨＯＰＰＡの主な事業は、電子書籍コンテンツを共同で作成することにより、地域の電子書籍の安定的な供給窓口の役割を果たすことである。また、電子取次を経由して他地域の電子図書館や一般の電子書店への提供も目指している。設立後しばらくは図書館からの電子書籍購入事業による収入だけに頼る厳しい運営が続いていたが、次第に電子書籍以外の書籍販売、図書館でのワークショップのサポートなど出版社が協力して取り組める活動を進めるようになった。さらに二〇一六年から札幌市史のデジタル化事業を本格的に受注するなど、中小の出版社が連帯して取り組む強みを活かした事業の実績を少しずつではあるが積み重ねてきた。その後も札幌市えほん図書館での幼児向けのプログラミング体験やデジタル絵本づくり事業など、新分野への挑戦も進めている。わたしも理事として時折活動に参加しているが、デジタル化の中央一極集中を食い止めようと立ち上がった心意気は変わらず、一層結束は固くなっているように感じている。参加企業も賛助会員を入れると二〇社以上に増えており、業種も出版だけでなくデジタル技術の専門企業が参加するようになった。

ところで、ＨＯＰＰＡのメンバーである出版社の経営者は多士済々である。その個性に共通するのは、いずれも北海道や札幌への強い愛着であり、そのこだわりが横のつながり、地域の連帯を支える力となっているように思える。

北海道のユニークな出版者たち

もともと札幌には出版社が多い。現在でも三〇社近くの個性的な中小の出版社が活動している。そこには歴史的な背景もある。戦時中に講談社など大手出版社や多くの作家が札幌市に疎開していたことや、印刷用紙の主要生産地であった南樺太を終戦で失い、北海道生産の印刷用紙が戦後の出版を支えたという事情がある。さらに戦後、長年の言論・出版統制で出版物・新聞類が自由に刊行や講読ができなかったことの反動で出版ブームが起きた。特に北海道では、そのような事情もあって大きな出版ブームとなり、当時多くの出版社が設立された。その後しばらくして出版ブームは終わり、ほとんどの企業が出版から撤退していった。

出版業は、産業として見れば知識集約型産業であり、現在の地域別立地状況を見ると圧倒的に東京に集中している。政府機関や大学と同じ東京一極集中構造だ。地方で頑張っているのは、意外に辺境の北海道と沖縄だ。東京から離れていることで独自の出版文化が醸成されているのかもしれない。

ＨＯＰＰＡの会員である出版社も個性のある企業がそろっている。林下代表理事が社長を務める中西出版は、印刷会社の出版事業部から独立した会社で、「北海道の文化を豊かにする」

をモットーにさまざまな書籍を出版している。また、『あうる』というフリーペーパーを出して北海道の人と文化の発信も行っている。林下社長は、慶應大学在学中は麻雀に熱中し『麻雀放浪記』の阿佐田哲也とも交流があり、卒業後はしばらく麻雀関連のフリーライターをしていたという異色の経営者である。理事である柏艪舎の山本光伸社長は「ゴッドファーザー」の翻訳にも携わった東京出身の翻訳家であるが、北海道の生活にあこがれて最初は文芸翻訳家養成の学校をつくった。その後、卒業した若者に仕事を与えたいという思いで、二〇年前に出版社を立ち上げた。監事を務める亜璃西社の和田由美社長は、著名なエッセイストであり、またタウン情報誌編集のパイオニアでもある。東京で『ぴあ』が発刊されたほぼ同じ時期にすでに札幌でタウン誌を出していたという。その後編集プロダクションを経て、三〇年前に亜璃西社を立ち上げ、徹底した現場取材に基づく北海道情報の発信を続けている。さらに北海道の歴史を草の根から追い続けている北海道出版企画センターや、反骨の自在な視点で発信する寿郎社などHOPPAの仲間は個性派ぞろいだ。

　このようなユニークな経営者に共通するのは、地方へのこだわりと、出版は文化だという誇りだ。それは東京からの洪水のような情報に押しつぶされてしまうことへの反逆の精神であるようだ。地方の出版社はどこも零細で、経営環境はどこも厳しいのだが、お会いするとみんないつも明るく楽しい。わたしは書き手として、これまで東京と北海道の出版社とお付き合いをしてきたが、決して儲かっているわけではないにもかかわらず、北海道の出版社の人たちがいつも大変楽しそうに仕事をしているのが不思議であった。話の中身もどうしたら売れるかよりも、こういう本を出したいという話が多い。「このコンテンツは次世代に残しておきたい」、「これだけは発信したい」という会話が多いのだ。地方のたくましい力のようなものが伝わってくる。それは、市場原理に任せておけば衰退してしまう地方の文化を支えているという、危機感に支えられた誇りでもあるようだ。

このような地方出版社のつながりが、電子書籍化への対応をきっかけにして、図書館や書店、作家など、本に関わる幅広い人々の連携の輪に広がっていく可能性を感じる機会があった。

広がる本の輪

二〇一九年三月一九日、札幌市に新しく開設された札幌市図書・情報館に隣接する札幌市民交流プラザでＨＯＰＰＡが主催する市民セミナー、「進化する図書館」が開催された。札幌市図書・情報館の初代館長は淺野隆夫氏が務めている。札幌市中央図書館時代に電子書籍化に積極的に取り組んだ進取の精神は、札幌市図書・情報館にしっかり活かされている。限られた空間を有効に活用するために、思い切って利用コンセプトを明確にし、それが不思議な魅力になっている。札幌の中心部にあるので、利用者のターゲットは働く人に絞っている。入るとすぐに、「はたらくをらくにする」という言葉が目に飛び込んでくる。「仕事での不安や悩みに、わたしたちは支えになりたい」というメッセージに、思わず心引かれてしまう。ここでは一切本の貸し出しはせず、調査相談、情報提供に特化している。会話は自由で、コーヒーも飲める。働く人を対象にしているので、起業や企業・経営情報、ビジネス書のほか、「会話が弾むコツ」などコミュニケーション関連の図書が並んでいる。これは札幌市図書・情報館の周辺で実施したアンケートの結果を活かしたものだ。さらに職場の人間関係に関するテーマ図書が並ぶ。手に取る人も多く、やはり人との付き合い方に悩む働く人は多いようだ。札幌市図書・情報館の横にはセミナーや展示ができるオープンスタジオがあり、そこでＨＯＰＰＡが「進化する図書館」をテーマにした市民セミナーを開催した。

いま公立図書館はめざましい進化を遂げている。公立図書館は無料の貸本施設か、学生の勉強空間として見られていた時代があったが、次第に地域に役に立つ図書館を目指したユニークな動きが見られるようになった。さまざまな創意工夫を凝らした図書館が全国各地で誕生しているのである。それを支えているのは地域を熟知したやる気のある図書館スタッフである。本の大切さ、面白さを伝える工夫により、図書館に人々が集まるようになったのである。このような図書館の動きにＨＯＰＰＡが呼応して、本による地方文化の発信に向けたセミナーを開催したのだ。

セミナーのパネルディスカッションでは、図書館に限らず幅広く「本の話をしよう」というテーマで、わたしがコーディネート役を務めて、出版社、図書館、書店、書き手など幅広い立場のパネラーによる意見交換を行った。

ＨＯＰＰＡの歩みを振り返ると、最初は、図書館、書店、出版社、著者、読者の距離が遠く、バラバラであった。たまたま電子書籍が登場したことによって、出版社の連帯の輪が生まれ、その輪が次第に広がってきていることが確認できた。書店の代表者からは、札幌市図書・情報館ができると聞いたときは、売り上げが減少するのではないかと不安を感じていたが、結果は逆で客が増えたという話があった。図書館に足を運んだことで人々が本への関心を高め、それが本の購入意欲へとつながったというのである。つながることでお互いに新たな発見がある。その相乗効果を自覚しながら、さらに高めていく気持ちを持とうと呼びかけて、セミナーを締めくくった。

ＨＯＰＰＡの活動に参加していると、地域の出版社の集まりから始まった活動が、図書館活動と一緒になり、さらに書店や書き手まで巻き込んで本の輪が広がってきていることを感じる。本を通じて地域がつながり、新しい力が生まれてきているようだ。ＨＯＰＰＡをめぐる動きは、電子書籍化がもたらす中央集権への危惧を感じ取った地方からのささやかな抵抗であるかもしれない。しかし、そこからは着実に地域の連帯の力強い輪が広がってきている。

三　ブラックアウトの教訓――最適な分散へ

本章の最後に、集中と分散の社会経済的な意義について、ブラックアウト（大規模な停電）の経験から考えていきたい。わたしが本書を書いたのは、都市集積が過度に進むと、経済格差を生むだけでなく、画一的で効率性を求める「中央の発想」が支配的になり、国全体が硬直的な思考、脆弱なシステムに陥ってしまうのではないかという危機感からである。しかし集積による脆弱さは、東京首都圏だけでなく地方においても進行していたことを知らされたのがブラックアウトであった。

二〇一八年九月六日に起きた北海道胆振東部地震は、北海道全域を対象とするブラックアウトを引き起こした。日本の電力会社が初めて経験するブラックアウトであった。わたしが住んでいる札幌市でもほとんどの都市機能が停止した。地震の大きな揺れで、すぐに飛び起きたが、一五分程度は電気も使え、テレビで地震情報を確認していたのだが、しばらくして突然停電になった。地震によるものだとは思ったが、まさか北海道全域がすべて停電になったとは想像もしなかった。その後、地域によって回復時期の差はあったが二日間にわたってブラックアウトは続き、北海道の生活、経済活動は大きく混乱した。停電というのは局所的なものだという思い込みがあったので、なかなか北海道全体でブラックアウトしたという状況を飲み込めなかったが、信号が消えたままの交差点を運転し、給水電源が停止したマンションで階段を使って水を運び、スマートフォンの充電に苦労するなど、次第にその影響の深刻さが分かってきた。ほとんどの生活が電気に支えられていることを痛感するとともに、真冬にブラックアウトが起きた場合のことを考えると怖くなった。

ブラックアウトについては、その原因、責任、影響、今後の対策、教訓などについて、報道や議論がなされており、検証作業も進められてきた。直接の原因は、電気の発電量と消費量のバランスが大きく崩れてしまったために、すべての発電所が自動停止してしまったことだ。さらに、一部の送電線が壊れ、バックアップの発電所が検査中であったこと、本州との送電連系線が機能停止したことなど、複数の要素が重なったことが原因として挙げられている。しかし、経済活動への影響は北海道全域に広がった。

大きな原因としては、大規模な苫東厚真火力発電所だけに依存してしまった電力供給の集中構造の問題が挙げられている。地震発生当時の北海道全体の電気需要量は三一〇万キロワットであったが、半分以上の一六五万キロワットを苫東厚真火力発電所が担っていた。そこで苫東厚真火力発電所が停止したことで発電と消費のバランスが大きく崩れてしまい、ブラックアウトを引き起こしたのである。大規模な施設で集中発電することで経済効率性は高まるが、電力の安定的な供給という面では脆弱であったといえる。

実は、このような一極集中構造の脆弱性は、わが国の首都圏への一極集中構造と重なる部分がある。東日本大震災の規模の災害が首都圏を襲ったら、国民経済、社会生活へ甚大な被害、影響を及ぼすことは避けられない。そのリスクを避けるためには、首都に集中する諸機能の地方への分散を図っていくことが必要だが(第1章三参照)、実は受け皿となる地方においても電力供給の面で同じような脆弱な集中構造が生まれてきており、それがブラックアウトを引き起こしたともいえるのだ。地方においても、中央と同じ経済効率性を重視した発想と政策がいつの間にか浸透してきているといえる。今回のコロナ危機においても、東京都など大都市部の感染者数が多いのが際立った。都市集中という密集の構造が、パンデミックの拡大につながったという指摘もある。

ここでは、まず地域政策の視点から、なぜこのような集中構造が生まれてきたのか歴史的な流れを追っていく。さらにブラックアウトの教訓から、経済効率性を求める集中のメカニズムと安定供給に向けたリスク分散のバランスをどのように図っていけばいいのかについて考えていきたい。そこでは分散は必ずしも非効率ではなく、つながり、域内の連携力を高めていくことで最適なエネルギーシステムが地域社会で成り立つことを考えていきたい。そこに連帯の力の視点からブラックアウトの教訓を取り上げる理由がある。

大規模広域停電

最初にブラックアウトの発生状況について簡単にながめておきたい。

二〇一八年九月六日午前三時七分に、最大震度七の巨大地震が北海道胆振地方を襲った。その地震の影響で北海道電力の主力電源である苫東厚真火力発電所が、地震直後に二号機と四号機、その後一号機も停止した。三号機はすでに廃止されているのですべての発電設備がストップする事態になった。当時苫東厚真火力発電所は、北海道の半分以上の電力を供給していた。

電気は一定の品質で届けるために、発電量と消費量の調整をしており、そのバランスが大きく崩れると、発電所は自動的に停止するよう設計されている。過半の電源が集中している苫東厚真火力発電所がすべて停止したことでバランスが大きく崩れ、他の発電所も次々と停止して、北海道全域がブラックアウトしたのである。

苫東厚真火力発電所のストップ以外にも、地震によって東北海道方面との送電線が壊れ、また本来はバックアップ機能を果たす予定であった京極揚水発電所が検査で停止していたことなど、複数の要因が重なってしまったことがブラックアウトを引き起こしたといわれている。

さらに、泊原子力発電所が停止していたことが、苫東厚真火力発電所に電力供給を集中させる結果となった。泊原発が稼働していればブラックアウトは回避できたかも分からないという関係者の声は多い。

ところで北海道と本州との間には、相互に電力を融通するための送電設備がある。二〇一九年三月までは電源開発（Ｊパワー）による北本連系という六〇万キロワットの送電設備だけであったが、現在は北海道電力が別ルートで新たに三〇万キロワットの増強を図っており、さらに今回の事故を受けて国は一二〇万キロワットに増強する計画を公表している。しかしブラックアウトが発生した時には、新しい北本連系はまだ完成していなかった。実は地震発生直後に、北本連系は正常に起動したのだが、直流と交流を変換するためには外部電源を必要とすることから、外部電源供給ができずに停止してしまったのである。新たな北本連系は外部電源を必要としない自励式であることから、もう少し早く完成していたら事態を回避できた可能性があった。

いずれにしてもこのようなさまざまな要因が重なって、ブラックアウトは起きたのである。

停電と地域経済への影響

停電という災害に対して我々はどこまで備えをしているだろうか。わたしは海外では中央アジア諸国での活動が多いが、地方部では今でもときどき停電を経験する。旧ソ連時代の老朽化した電力供給設備のせいだが、それだけに出向くときは準備をして出かける。しかし、日本では停電はないものとすっかり安心していた。しかも、北海道胆振東部地震の二日前には、台風二一号が近畿地方を襲い、関西電力管内で延べ約二二五万軒が停電するという事態が起きている。さらに、二〇一九年九月には台風一五号によって東京電力管内の千葉県で広域停電が長期にわたって続いた。長期の広域停電への備えを心がけるとともに、あらためて地域における電力供給のあり方を考えておくことの必要性を痛感する。

ブラックアウトによる北海道経済への直接の影響はどうだったのだろうか。北海道が公表した平成三〇年北海道胆振東部地震災害検証報告書(二〇一九年五月)によると、商工業分野での被害額が約一三六億円と最も多い。原材料や商品、製品の廃棄による被害が多く、次に生乳廃棄等による畜産物被害が約二四億円となっている。全体としては、特に流通分野での冷蔵、冷凍機能への影響が大きかったようだ。

また、ブラックアウトの被害の特徴は、地震の影響のまったくなかった地域でも経済被害が大きかったことである。地震の揺れの小さかった道東の酪農地帯では、突然の停電によって搾乳や工場の操業ができず、大きな被害が出た。道東の牛乳は釧路港から首都圏に運ばれることから影響は全国に及び、各地のスーパーで「牛乳品切れ」の貼り紙が出た。わたしの知人の酪農家も自家発電機を持っていて搾乳はできたのだが、工場が停止してしまったのでやむなく廃棄したと悔しがった。非常時に向けた個々の経営家や企業の「備え」だけでなく、系統、システムとしての対応が必要であることを思い知らされた。

ブラックアウトの検証については、国のレベルでは、電力広域的運営推進機関が、第三者を交えた「平成三〇年北海道胆振東部地震に伴う大規模停電に関する検証委員会」を設置して、検証作業を進めてきた。検討の対象は三点で、①ブラックアウトの発生原因の分析(九月六日午前三時七分の地震発生後から午前三時二五分の大規模停電発生まで)、②大規模停電後、一定の供給力確保に至るプロセス(九月六日及び七日)における技術的な検証、③北海道エリア等において講じられるべき再発防止策等(停電規模抑制策含む)の検討であり、二〇一八年一二月に報告書をまとめている。内容は技術的な側面での検証作業が中心で、経済的な影響や、政策的な検討にまでは十分踏み込んでいない。ただ、今後に向けて、特に北海道における電力設備形成上の中長期対策として北本連系設備の更なる増強が挙げられていることが注目される。

また、北海道が二〇一八年一一月に北海道胆振東部地震災害検証委員会を設置し、二〇一九年五月に前述の検証報告書を出しているが、避難、救助等の災害時の緊急対策についての検証であり、電力設備の集中による脆弱性など、基本的な問題にまで踏み込む内容にはなってはいない。

ブラックアウトをめぐるさまざまな議論

ブラックアウトについては、政府部門の検証作業以外に、多くのメディアや研究者、識者らによって幅広い議論、論評がなされている。長期的な視野からの今後に向けた課題として最も大きな論点は、なぜ、大規模な苫東厚真火力発電所だけに電力供給が集中・依存してしまったのかということであろう。整理すると、一つは苫東厚真火力発電所が高効率の石炭火力発電所であるという理由だ。発電所の規模が大きくなるほど効率が上がるので、北海道で最大規模の苫東厚真火力発電所に集中させることにより北海道電力にとっては競争力のある電力供給を行うことができる。この背景には、電力自由化があるといわれている。自由化が進む中ではより強い競争力を求められるからだ。もちろん、北海道電力も電源を多様化させる観点からLNG火力の石狩湾新港発電所を計画していたが、二〇一八年一〇月に試運転の予定でギリギリ間に合わなかった。もう一つの理由は、先にも述べたように泊原子力発電所が稼働していないことだ。しかし、泊原子力発電所が仮に稼働していても、大規模な地震では停止する可能性もあり、また、原発ありきの供給体制へのこだわりが対策を遅らせたのではないかという厳しい指摘もある。

論点の二つ目として、リスク分散システムとしての本州との連系線の強化の重要性が挙げられる。もともと非常時のリスク分散から本州との連系を図っておくべきだという議論はかなり古い時代からあり、本州との連系線を六〇万キロワットから九〇万キロワットに拡張する計画が、東日本大震災の経験を踏まえて決まった経緯がある。政府の検証会議の報告でもその増強が必要とされている。

三点目は、生活経済活動が広域に分散している北海道における電力供給サービスを民間事業者がすべて責任を持って進めていくことの課題だ。北海道の電力供給は公共財として提供されてきた歴史がある。広大な地域での少ない人口による経済活動、居住を支えていく電力供給は利用者の直接負担だけでは難しく、政府の財政資金による支援がなければ難しいのではないかという問題だ。これは大切な論点である。鉄道も同じだが、北海道のように少ない人口で広域の空間を管理するための事業システムを、全国の画一的な仕組みと同列に考えるのは無理がある。

四点目の論点は、この機会に分散型エネルギーシステムとしての特性を活かして再生可能エネルギーを積極的に普及拡大させていくべきという考え方である。地方にとっては、自前の地域資源を使ってエネルギー供給ができることはある意味で理想の姿であり、それが地産地消のかたちで分散されていれば、集中によるリスクも避けられるということだ。もちろん、事業採算性の問題や、出力が変動する再生可能エネルギーに多くを頼ることへの慎重な意見などもあるが、地域経済の立場からは自給エネルギーの割合を高めていくことは重要だ。

多岐にわたる論点が浮かび上がってきたが、これらの論点は相互に関連するところがあり、実は歴史的な系譜からながめるとそこに共通する課題と方向があるのだ。話は、約半世紀前にさかのぼる。

北本連系の意味

一九七〇年七月一〇日、国の一〇カ年計画として第三期北海道総合開発計画が閣議決定された。その施策の基本方針の一つ、「新交通、通信、エネルギー輸送体系の確立」の中に、新幹線、高速道路、空港、港湾整備と並んで、「北海道・本州送電連けいの実現をはかる」という施策が明記されていた。公共事業の対象ではない、電力設備が閣議決定の国土計画レベルに文言として入るのは異例のことであった。

この背景には国の原子力発電政策があった。当時のわが国の原子力発電は、一九六九年時点で四九万七〇〇〇キロワットであったが、国の「電源開発長期計画」では一九七〇年から一〇カ年で、二六五〇万キロワットまで開発する計画を立てていたのである。北海道においては、原子力発電二基八五万キロワットを建設し、一九八〇年には総発電量の約一〇%を原子力発電でまかなうという見通しであった。しかし、そこで電源立地上の問題が出てきた。当時の第三期北海道総合開発計画の解説書をみると、「一般に、一発電設備ユニットあたりの規模は、事故時の影響を考慮すると、発電設備全体の一〇%程度が適当とされているが、北海道の発電規模からみると、北海道単独では、原子力発電のような大容量発電所の導入が困難な現状にある」という認識が示されていた。「したがって、原子力による大容量発電所を建設するためには、今後、需要の増大にあわせて発電規模を拡大するとともに、大容量発電所の不測の事故に対しても電力の安定供給がはかれるよう、全国の送電系統と直結する北海道・本州間送電連けいの実現が不可欠となる」という理由から送電連系を進めることになったのだ。国は地方においては原子力発電所の立地が一極集中を招くことから、リスク分散を図るための施策を合わせて講じることが政策として必要だという認識を持っていたのだ。そこで選択されたのが、北海道と本州を結ぶ送電連系という手法であった。

送電連系の実現をうたった第三期北海道総合開発計画が策定された当時、国においては送電連系に向けた調査がすでに実施されていた。津軽海峡を横断する場合、潮流が速いことや、深度三〇〇メートルを越す箇所があることなどの技術的な問題があった。そこで海底敷設か、青函トンネルの調査坑を利用して敷設する方法を提案している。さらに、技術的課題に加えて、事業主体や要する資金の調達をどうするかといった問題を、今後解決されるべき問題として提起している。

すでに五〇年前に原発立地政策と合わせて、不測の事態に備えたシステムとして送電連系が議論されていたのである。しかも、そこでは技術的な課題とともに、事業者に任せるだけでなく、公的な資金支援のあり方も問題提起されていた。その後、北本連系は国の特殊会社として設立された電源開発(株)により一九七二年に建設が開始され、一九七九年に運用が開始された。しかし、その後増強されることはなく、二〇一一年三月の東日本大震災を経験して、非常時における送電連系の増強に向けた議論が出てきた。二〇一九年三月に三〇万キロワットの新北本連系が、青函トンネルの調査坑を利用して完成したが、北海道胆振東部地震時には間に合わなかった。

集中リスクの回避

約半世紀の時間軸でながめてみると、原子力の集中立地の弊害を避けるために出てきた送電連系のシステムの意義、すなわち集中立地のリスク回避という目的が次第に希薄になり、効率性を重視する考え方に変わってきたことが、ブラックアウトの遠因として浮かび上がってくる。

現在、国において送電連系の増強に向けた動きが出てきている。北本連系線を一二〇万キロワットまで増強するとともに、その費用を国が全国的な枠組みで負担することとしたのである。すなわち、増強すればブラックアウトの再発防止だけでなく、再生可能エネルギーの普及にもつながり全国的な便益をもたらす、という考え方で、費用を電力各社の送電線使用料や電気料金に上乗せする仕組みである。これは、事業者だけに任せると効率性重視になり、そこから脆弱なシステムが生まれてしまうことへの反省に立った、思い切った政策判断であろう。

広域分散型の北海道では送電網の整備も重要な課題となっている。例えば、風力発電については、風況が良好で、大規模な土地の確保が可能な地域は北海道北部などの一部に限定されている。こうした地域では人口が希薄であることから送電網の整備が脆弱であるため、現状では大容量の送電に支障があり、地域内送電網の整備が大きな課題となっている。経済産業省では、北海道の宗谷・留萌地域を風力発電の重点整備地区に位置づけ、大規模な送電網整備事業を特別目的会社（ＳＰＣ）を主体として進めているが、これらの事業をより公共性の強い社会資本整備として位置づけて加速させていくことが必要である。

社会資本整備としての公共事業の範囲は、その時代の社会的要請によって変化していくものである。北海道では、戦前、さらに戦後初期においては、離島や開拓地の公共事業として電力事業が展開されてきた経験がある。さらに、「農山漁村電気導入促進法」（一九五二年）により地方部の発電施設の整備に国や北海道の公的助成がなされていた歴史的な経過もある。地方における電力供給はより公共性の高い社会インフラとして公的な資金投入も含めた検討が必要であろう。

再生可能エネルギー

次に、地方の立場からのエネルギー政策について考えていきたい。先ほど、ブラックアウトの教訓として、分散型エネルギーシステムとしての特性を活かして再生可能エネルギーを積極的に普及拡大させていくべきという考え方が出てきたことを紹介した。地方にとっては、自前の地域資源を使ってエネルギー供給ができることは理想であり、ローカルエネルギーとしての再生可能エネルギーの活用は大事なテーマである。

東日本大震災のような大災害が首都圏に起こる状況を想定すれば、中枢機能がほとんど東京圏に集中しているわが国の構造は極めて脆弱であるといわざるを得ない。大震災を教訓に、過度の集中を排しながら、バランスのとれた多様性のある分散型の地域社会をつくり上げていくことが大切であり、そこでは地域が主体的に政策形成を進めていくことが必要であるが、なかでも、エネルギー政策は、地域が主体となった政策構築の可能性が高い政策領域であると感じている。

東京電力福島第一原子力発電所の事故により、電力供給を原子力エネルギーに頼ることへの不安が高まったが、エネルギー政策に関わる国と地方の関係の見直しも不可欠だ。もともと経済活動、生活を支えるエネルギーは、昔は薪炭、水力といった地元にある資源を活用して供給され、消費する地域が主体的に管理するシステムであった。しかしながら、大型の水力発電、輸入資源の石炭、石油、天然ガスなどによる量の拡大とともに、資源を外国や地域外に依存する仕組みになり、さらに原子力発電の普及により、次第に中央主導の仕組みになっていったという歴史的な流れがある。その結果、地方は電力施設の立地を受け入れる立場となり、エネルギー政策については、消費する側として受け身の時代が長く続いた。次第にエネルギー政策に主体的に関わる場面が少なくなってきたのである。

しかしながら、原子力に頼る脆弱性等の問題が高まるなかで、純国産のエネルギーで地域資源を活用する再生可能エネルギーの重要性が極めて大きくなってきた。さらに、国際的にもエネルギー資源獲得競争の激化や地球温暖化対策の強化への要請から、化石燃料への依存を減らし、国内固有の地域資源を再生し、循環していく方向への転換の動きが出てきたのである。この機会にあらためて地域政策としてエネルギー問題に正面から向き合い、さらに、エネルギーとしての地域資源の活用を地域の自立的な発展にどのように結びつけていくのか、地域の側から真剣に考えていく必要がある。

地域政策とエネルギー

わたしは一九七〇年代の後半に、国土庁(現国土交通省)で仕事をしていたが、その時に研究会でエネルギーと地域政策についての提言を行ったことがある。七〇年代に、わが国は二次にわたるオイルショックを経験し、石油というエネルギー資源に大きな制約があることを痛感せざるを得ない状況となった。それまで国が主体となって進めてきたエネルギー政策について、国土政策、地域政策を所管する国土庁の立場から、有識者を集めて地域からのエネルギー政策の可能性と必要性について分析、検討し、報告書を取りまとめ、政策提起したのである。

検討のポイントは、一つは石油資源の制約が強まるなかで積極的にローカルエネルギーを活用していこうということ、二つ目は地域ごとにエネルギーの需要と供給構造を分析し、地域の特性を踏まえたエネルギー政策を展開していくこと、三つ目は省エネルギー型の都市づくりやコミュニティ構築など、エネルギー政策と都市政策、まちづくりとの連携、最後は原子力等の大型電力供給施設を受け入れる立地地域の地域振興策についてであった。

特にローカルエネルギーの活用については重点を置いて提言した。「エネルギーの供給、とりわけ電力の供給においては、エネルギーの生産施設は規模の経済を追求した結果、あまりにも大規模化、集中化が進んだ。しかしエネルギー価格の高騰、技術開発の進展により、これからは小規模であっても地域の資源を効率的に活用することによって経済的にも成り立つ、地域の特性にあった小規模・分散型エネルギー供給システムを目指していくべきである」という認識、考え方で取り組んだ。中小水力、地熱、太陽熱、風力、波力、ごみ廃棄物等のローカルエネルギーは、現在、再生可能エネルギーといわれているものだが、この当時はまさに地域資源という意味でローカルエネルギーという言葉を使っていたのである。地域の特性に応じたエネルギーシステムを、熱供給や燃料電池等の技術開発を進めながらつくり上げていくことは、地域にある資源の価値を高め、経済的な活性化にもつながる大切な地域政策であるという問題提起であった。

国土庁はこれらの検討結果を報告書というかたちで一九八一年に公表したが、残念ながら当時の霞が関では、エネルギー政策は、通商産業省(現経済産業省)の専管であり、国土政策、地域政策サイドからの問題提起はほとんど受け入れられることはなかった。オイルショックを経験した当時の日本政府は、エネルギーの安定供給に向けて大規模な原子力開発による電力供給に一層力を入れることになり、その結果、エネルギー政策、技術開発など国主導の政策が加速されていった。

その後四〇年近くが経過したが、エネルギー政策が中央主導であるという図式に大きな変化はない。しかし、東日本大震災、さらにブラックアウトを経験して、地域の側からエネルギー政策を真剣に考えていく必要性は急速に高まってきており、あらためて四〇年前に提起した方向性が重みを持つようになってきたと感じている。

最適な分散システムを目指して

ここまで、ブラックアウトの経験を振り返りながらその教訓をどのように地域社会の仕組みに活かしていけばいいのか、歴史的な経過も含めて考察してきた。そこから見えてきたことは、大規模集中型システムの限界であり、リスク低減に向けたより安定した分散の必要性である。しかし、集中により効率性を高めるのと、リスク分散による効率性の低下をどのようにバランスさせていくかが難しいところだ。分散による効率性の低下を防ぐことができれば、過度の集中を避けることができる。それを可能にする重要な方策がデジタル技術を駆使した分散化であろう。

今回のコロナ危機ではわが国のデジタル化の遅れが目立った。もともと政府は、わが国がIT革命に大きな遅れをとっていたことから、二〇〇一年初頭に、「e-Japan戦略」に力を入れたのである。そこでは、ＩＴ技術を「地理的なハンディなく誰もが必要とする最高水準の教育を受けることができる」「遠隔地であっても質の高い医療・介護サービスを受けることができる」「テレワーク等による交通量の抑制」を目指す分散型の社会像を描いていた。しかし、それから約二〇年間、政策分野でのデジタル化は大きく遅れ、コロナ危機によって、やっとオンラインによる教育、医療システムが現実に動き出した状況である。デジタル化を阻んだのは、既存システムや既得権にこだわる硬直的な思考であろう。菅総理は就任直後にデジタル庁創設を唱え、デジタル化を積極的に進める意欲を示した。コロナ危機を契機に崩された規制の岩盤を元に戻さないようにしなければいけない。

デジタル化に向けては民間の力を積極的に活用すべきだ。現在、デジタル技術を使ったより安全な分散型システムの動きが出てきている。例えば、ビットコインなどの仮想通貨を支えるブロックチェーンや分散型台帳技術（ＤＬＴ）は、特定の帳簿管理者を置かずに、参加者が同じ帳簿を共有しながら資産や権利の移転などを記録していく分散型の情報技術で、幅広い分野への応用に期待が向けられている。これまでは、電子的帳簿の管理については、特定の主体に集約する「集中型」であったが、デジタル技術を駆使して、これを「分散型」の仕組みで処理しようとするものである。ブロックチェーン等の技術の特性は、みんなが参加して安全性を高めていくリスク分散のシステムだ。仮にサイバー攻撃や障害があっても、ネットワークの一部のダウンにとどめ、全体のシステムは稼動させ続けることが可能になる。福島の原発事故やブラックアウトの大きな教訓は中央制御の脆さである。今後持続的で安全な地域社会をつくっていくためには、リスク分散を前提において、効率性と安全性をともに向上させていく、「デジタル化と分散型」の考え方で、地域の仕組みを構築していく必要があるだろう。

もう一つ大切な動きは可視化、スマート化である。可視化、スマート化により分散させても集中型と同じ効率性を確保できる可能性があるのだ。そして、その鍵を握るのが地域やコミュニティのネットワーク形成の力である。現在、エネルギー政策、環境政策の分野でスマートコミュニティやスマートシティと呼ばれる施策が展開されている。持続可能な社会を実現していくために、電気だけでなく、熱や未利用エネルギーも含めたエネルギー全体を地域の単位で統合的に管理していこうという政策である。電力供給、熱供給、交通システムなどを、コミュニティや市町村など限られた地域社会の単位でデジタル技術を使って包括的に管理し、相互につなぐことで、より効率的で安全なシステムを構築していくものだ。スマート化の政策の意義は、可視化にある。例えば、家庭でスマートメーターを導入してすべての電力消費が見えるようになると、消費量の節約につながる。これをコミュニティ単位、都市単位で導入するのが、スマートコミュニティでありスマートシティである。そこでは全体の見える化、可視化により、分散型であっても効率的なシステムができ上がるのだ。わたしは、これまで北海道でいくつかのスマートコミュニティの取り組みに関わってきたが、その中には、地方の工業団地で熱エネルギー利用のスマート化を図る事例があった。工業団地には多くの企業が立地しており、余った熱を捨てている企業もあれば、食品工業などは多くの熱エネルギーを必要としている。熱は電気と違って遠くへ運ぶことが難しいことから、近接する企業間で有効活用できればウィン・ウィンとなる。そこで、工業団地全体の熱利用を可視化すると、有効利用に向けた企業間の連携の動きが生まれてきたのだ。鍵となるのは公正な立場で情報を収集、管理し、企業をつなぐ地方自治体の調整力であった。スマートシステムをつくり上げていく上では、コミュニティや地域内での横の円滑な連携と、その場をつくり調整していく地方自治体の役割が重要である。

本章では、ブラックアウトの教訓から、過度の集中によるリスクを避け、最適な分散に向けた政策のあり方について、過去の政策経験も踏まえながら考えてきた。分散による効率性の低下を、デジタル技術の進化や地域内の連携、連帯の力を高めることでカバーし、最適なシステムを目指していくことが大切だという思いは、コロナ危機によって一層強くなった。感染症に強い国づくりに向けては、過密な大都市のリスクを軽減して、抵抗力のある地方の「疎」の強みを活かしていくことが必要だ。そのためには、つながりと信頼が生み出す連帯の力が欠かせない。

おわりに

わたしは、もともと行政の分野で仕事をしていたが、約二〇年前に大学の世界に転じてからは、地方のさまざまな課題の解決に向けて、できる限り現場で活動を続けてきている。地方の悩ましい問題に向き合いながら感じるのは、地方の活性化に向けて大切なことは、関係する市民一人ひとりが、いかにモチベーション(やる気)をもって取り組んでいく状況をつくれるかということだ。しかし、モチベーションの醸成というのは大変難しい。いくら熱い思いを持って、頑張れと言ってもダメである。説得力のある情報でていねいに説明し、共感を得ていかなければならない。特に、あきらめないという気持ちを持続させていくことは大変だ。

地方で活動していると、中央がすべてを決めるという社会の仕組みが、人々のモチベーションを阻害しているのではないかと感じることが多い。「いくら頑張っても国のルールに合わなければ、ダメだ」というあきらめが潜在的なエネルギーを封印してしまっているようだ。地方の発想や思考、知恵を活かす社会に変革すれば、多くの人々のやる気を高め、その多様な力を国の活力につなげていくことができるだろう。

本書は、そのような思いから、わたしのささやかな経験を振り返りながら地方の力によって社会変革を目指していくための「地方の論理」について考察したものである。そこには、地方での活動の楽しさや醍醐味を伝えていくとともに、地方での多様な発想や営みがこれからの時代を生き抜いていく上で大切な資産であることを理解してもらいたいという気持ちがある。右肩上がりで成長を続けていける時代は、中央が主導する画一的なルールに従っていれば、多少のほころびはつくろうことができた。しかし、本格的な人口減少の時代においては、限られた市場でより価値を高めていかなければいけない。また現場や地域の実態に柔軟に対応しながら解決していく多様な発想と思考の力が求められる。しかし、その挑戦は内外の各地域で実践されてきており、実はそこから多くのヒントを得ることができると感じている。

私の学生時代に、羽仁五郎氏による『都市の論理』(勁草書房、一九六八年)が出版された。独占資本、中央に対する都市、自治体の復権を唱えたもので、特に学園闘争に参加する学生には闘争の書として広く読まれた。対立の図式から社会変革を目指すその論理は明快ではあったが、過激な論調には正直違和感があった。それから、半世紀。地方を対象にさまざまな活動を続けてきて、あらためて「地方の論理」とは何かを考えると、それは抽象的な理論の構築ではなく、実践的な活動や挑戦の積み重ねから得られる多様な思想、発想、戦略を体系的に示していくことではないだろうかと思っている。そこから、より多くの人々のやる気を醸成させていくことが、健全な社会変革につながっていくのだろう。

執筆をしている時に、新型コロナウイルスが猛威をふるった。コロナ危機は、わたしのこの思いを一層強くした。世界中が総力でコロナウイルスに立ち向かう姿が日々伝わってくるなかで、わが国政府の対応には、迅速さを欠く場面が多かった。タテ割や既得権限にこだわる中央の論理で、これからの危機に主導的に立ち向かえるのかと正直不安になった。一方で、独自の取り組みを素早く進める地方の動きが出てきたことに、地方の力が蓄積されてきていることを実感した。さらに、多くの人々が、効率性を重視した集中システムが脆弱であることに気がつきはじめている。

コロナとの闘いはさらに続くが、これまで崩すことが出来なかった規制が、一気に緩和されたことは地方にとっては好機である。オンライン化も幅広い分野で進んだ。在宅勤務やテレワーク、オンライン授業や診療など、距離のハンディを克服して、地方の力を発揮していくチャンスにしていかなければいけない。

今秋、七年八カ月ぶりに首相が交代し、菅義偉総理大臣が誕生した。新たな政権は、規制改革、デジタル化に積極的に取り組む姿勢を示している。コロナ危機を契機に、地方の力を活かす政策が幅広い分野で進展していくことを願っている。

本書で紹介した活動や事案においては、本当に多くの方々にご協力、ご教示をいただいた。個々のお名前を記すことはできないが、あらためて皆様に感謝を申し上げる。

また、本書は岩波新書編集部の伊藤耕太郎氏の熱心なお誘いが契機となってスタートしたものである。編集の過程でも多大なご支援を伊藤氏から受けたことに心よりお礼を申し上げる。

長年にわたってわたしの研究活動を支えてくれている地域研究工房事務局長の関口麻奈美さんには、本書においても編集、校正などで多大のご尽力をいただいた。心より感謝している。

二〇二〇年一〇月一三日

小磯修二

主な参考文献

『アラル海救済策の現代史』(地田徹朗・論考，「長期化する生態危機への社会対応とガバナンス調査研究報告書」アジア経済研究所，2013 年)

『地域からのエネルギー政策』(小磯修二・論考，「生活協同組合研究」Vol. 459，生協総合研究所，2014 年)

『コモンズ　地域の再生と創造』(小磯修二・草苅健・関口麻奈美，北海道大学出版会，2014 年)

『インバウンドに向き合う地域経済戦略――消費効果と投資効果の好循環を目指して』(小磯修二・論考，「観光研究」Vol. 28 No. 2，日本観光研究学会，2017 年)

『沖縄問題』(高倉良吉著・編，中公新書，2017 年)

『地方創生を超えて』(小磯修二・村上裕一・山崎幹根，岩波書店，2018 年)

主な参考文献

『地域経済問題と対策』(経済企画庁地域経済問題調査会，1963年)

『エネルギーと地域政策』(国土庁計画・調整局編，1981年)

『Governing the Commons』(Elinor Ostrom, Cambridge University Press, 1990年)

『Making Democracy Work』(Putnam. R. D., Princeton University Press, 1993年)

『社会的共通資本』(宇沢弘文，岩波新書，2000年)

『ロシア人との共生による望ましい地域社会の形成に向けて(根釧地域と北方四島との一体的な地域政策のあり方についての共同研究)』(釧路公立大学地域経済研究センター研究報告書，2001年)

『北海道開発政策の経験を活かした中央アジア地域への国際貢献のあり方に関する研究』(釧路公立大学地域経済研究センター研究報告書，2005年)

『生活保護受給母子世帯の自立支援に関する基礎的研究——釧路市を事例に』(釧路公立大学地域経済研究センター研究報告書，2006年)

『地域の課題に向き合う——地方大学の挑戦』(小磯修二・論考，「産学官連携ジャーナル」科学技術振興機構，2010年)

『ワーキングプア　解決への道』(NHKスペシャル『ワークングプア』取材班・編，ポプラ社，2010年)

『国土の復興，創生と北海道』(小磯修二・論考，開発こうほう・地域経済レポート特集号「マルシェノルド」第28号，北海道開発協会，2012年)

『地方が輝くために』(小磯修二，柏艪舎，2013年)

『沖縄と北海道』(開発こうほう・地域経済レポート特集号「マルシェノルド」第31号，北海道開発協会，2013年)

小磯修二

1948年生．北海道大学公共政策大学院客員教授．北海道観光振興機構会長．地域研究工房代表理事．地域政策プランナー．京都大学法学部卒業．北海道開発庁，国土庁，釧路公立大学学長，北海道大学特任教授等を経て，2020年から現職．専門は地域開発政策，地域経済．途上国等での国際協力活動にも長く従事．著書に，『地方が輝くために』(柏艪舎)，『地方創生を超えて』(共著，岩波書店)など．

地方の論理　　岩波新書(新赤版)1855

2020年11月20日　第1刷発行

著　者　小磯修二《こいそしゅうじ》

発行者　岡本　厚

発行所　株式会社 岩波書店
〒101-8002 東京都千代田区一ツ橋2-5-5
案内 03-5210-4000　営業部 03-5210-4111
https://www.iwanami.co.jp/

新書編集部 03-5210-4054
https://www.iwanami.co.jp/sin/

印刷・三陽社　カバー・半七印刷　製本・中永製本

ISBN 978-4-00-431855-2　　Printed in Japan

岩波新書新赤版一〇〇〇点に際して

ひとつの時代が終わったと言われて久しい。だが、その先にいかなる時代を展望するのか、私たちはその輪郭すら描きえていない。二〇世紀から持ち越した課題の多くは、未だ解決の緒を見つけることのできないままであり、二一世紀が新たに招きよせた問題も少なくない。グローバル資本主義の浸透、憎悪の連鎖、暴力の応酬――世界は混沌として深い不安の只中にある。

現代社会においては変化が常態となり、速さと新しさに絶対的な価値が与えられた。消費社会の深化と情報技術の革命は、種々の境界を無くし、人々の生活やコミュニケーションの様式を根底から変容させてきた。ライフスタイルは多様化し、一面では個人の生き方をそれぞれが選びとる時代が始まっている。同時に、新たな格差が生まれ、様々な次元での亀裂や分断が深まっている。社会や歴史に対する意識が揺らぎ、普遍的な理念に対する根本的な懐疑や、現実を変えることへの無力感がひそかに根を張りつつある。そして生きることに誰もが困難を覚える時代が到来している。

しかし、日常生活のそれぞれの場で、自由と民主主義を獲得し実践することを通じて、私たち自身がそうした閉塞を乗り超え、希望の時代の幕開けを告げてゆくことは不可能ではあるまい。そのために、いま求められていること――それは、個と個の間で開かれた対話を積み重ねながら、人間らしく生きることの条件について一人ひとりが粘り強く思考することではないか。その営みの糧となるものが、教養に外ならないと私たちは考える。歴史とは何か、よく生きるとはいかなることか、世界そして人間はどこへ向かうべきなのか――こうした根源的な問いとの格闘が、文化と知の厚みを作り出し、個人と社会を支える基盤としての教養となった。まさにそのような教養への道案内こそ、岩波新書が創刊以来、追求してきたことである。

岩波新書は、日中戦争下の一九三八年一一月に赤版として創刊された。創刊の辞は、道義の精神に則らない日本の行動を憂慮し、批判的精神と良心的行動の欠如を戒めつつ、現代人の現代的教養を刊行の目的とする、と謳っている。以後、青版、黄版、新赤版と装いを改めながら、合計二五〇〇点余りを世に問うてきた。そして、いままた新赤版が一〇〇〇点を迎えたのを機に、人間の理性と良心への信頼を再確認し、それに裏打ちされた文化を培っていく決意を込めて、新しい装丁のもとに再出発したいと思う。一冊一冊から吹き出す新風が一人でも多くの読者の許に届くこと、そして希望ある時代への想像力を豊かにかき立てることを切に願う。

（二〇〇六年四月）

岩波新書より

法律

治安維持法と共謀罪　内田博文
裁判の非情と人情　原田國男
独占禁止法〔新版〕　村上政博
密着 最高裁のしごと　川名壮志
「法の支配」とは何か 行政法入門　大浜啓吉
会社法入門〔新版〕　神田秀樹
憲法への招待〔新版〕　渋谷秀樹
比較のなかの改憲論　辻村みよ子
大災害と法　津久井進
変革期の地方自治法　兼子仁
原発訴訟　海渡雄一
労働法入門　水町勇一郎
人が人を裁くということ　小坂井敏晶
知的財産法入門　小泉直樹
消費者の権利〔新版〕　正田彬
司法官僚 裁判所の権力者たち　新藤宗幸
名誉毀損　山田隆司
刑法入門　山口厚
家族と法　二宮周平
憲法とは何か　長谷部恭男
良心の自由と子どもたち　西原博史
著作権の考え方　岡本薫
有事法制批判　憲法再生フォーラム編
法とは何か〔新版〕　渡辺洋三
民法のすすめ　星野英一
日本社会と法　渡辺洋三・甲斐道太郎・広渡清吾・小森田秋夫編
日本の憲法〔第三版〕　長谷川正安
憲法と天皇制　横田耕一
自由と国家　樋口陽一
憲法第九条　小林直樹
納税者の権利　北野弘久
小繋事件　戒能通孝
日本人の法意識　川島武宜

カラー版

カラー版 国芳　岩切友里子
カラー版 知床・北方四島　大泰司紀之・本間浩昭
カラー版 西洋陶磁入門　大平雅巳
カラー版 すばる望遠鏡の宇宙　海部宣男・宮下曉彦写真
カラー版 ベトナム戦争と平和　石川文洋
カラー版 難民キャンプの子どもたち　田沼武能
カラー版 メッカ　野町和嘉
カラー版 シベリア動物誌　福田俊司
カラー版 ハッブル望遠鏡が見た宇宙　野本陽代・R・ウィリアムズ
カラー版 妖怪画談　水木しげる

経済

岩波新書より

社会

岩波新書より